Marta Talitha Carvalho Freire Mendes
Warley Rocha Mendes

Marta Talitha Carvalho Freire Mendes
Warley Rocha Mendes

*Java RESTful na Prática com JAX-RS*
*Copyright© Editora Ciência Moderna Ltda., 2016*

Todos os direitos para a língua portuguesa reservados pela EDITORA CIÊNCIA MODERNA LTDA.

De acordo com a Lei 9.610, de 19/2/1998, nenhuma parte deste livro poderá ser reproduzida, transmitida e gravada, por qualquer meio eletrônico, mecânico, por fotocópia e outros, sem a prévia autorização, por escrito, da Editora.

**Editor:** Paulo André P. Marques
**Produção Editorial:** Dilene Sandes Pessanha
**Capa:** Daniel Jara
**Diagramação:** Lucia Quaresma
**Copidesque:** Equipe Ciência Moderna

Várias **Marcas Registradas** aparecem no decorrer deste livro. Mais do que simplesmente listar esses nomes e informar quem possui seus direitos de exploração, ou ainda imprimir os logotipos das mesmas, o editor declara estar utilizando tais nomes apenas para fins editoriais, em benefício exclusivo do dono da Marca Registrada, sem intenção de infringir as regras de sua utilização. Qualquer semelhança em nomes próprios e acontecimentos será mera coincidência.

## FICHA CATALOGRÁFICA

*MENDES, Marta Talitha Carvalho Freire; MENDES, Warley Rocha.*

*Java RESTful na Prática com JAX-RS*

Rio de Janeiro: Editora Ciência Moderna Ltda., 2016.

1. Linguagem de Programação
I — Título

ISBN: 978-85-399-0777-9                    CDD 005.133

**Editora Ciência Moderna Ltda.**
**R. Alice Figueiredo, 46 – Riachuelo**
**Rio de Janeiro, RJ – Brasil   CEP: 20.950-150**
**Tel: (21) 2201-6662/ Fax: (21) 2201-6896**
**E-MAIL: LCM@LCM.COM.BR**
**WWW.LCM.COM.BR**                                    **01/16**

# Sumário

PREFÁCIO xi

CAPÍTULO 1

## REST E A ARQUITETURA ORIENTADA A RECURSOS 3

### Introdução 5

REST 7

RESTful 10

Métodos do protocolo HTTP 11

Stateless – Sem conservação de estado 14

Identificações únicas para os recursos 16

Diferentes tipos de mensagens 19

JAX-RS 2.0 20

Códigos de status do protocolo HTTP 22

### Conclusão 25

vi Java RESTful na prática com JAX-RS

CAPÍTULO 2

# INSTALAÇÃO E CONFIGURAÇÃO DOS AMBIENTES DE DESENVOLVIMENTO 29

## Criando os ambientes de desenvolvimento 31

Baixando e instalando os programas 33

## Java 34

Instalando o Java 36

Configurando as variáveis de ambientes 38

JAVA_HOME 38

CLASSPATH 40

PATH 41

Testando o ambiente Java 42

## Eclipse 43

Executando o Eclipse 44

## JBoss WildFly 46

## JBoss Tools 51

## Configurando o WildFly no Eclipse 54

## Advanced Rest Client 57

## Conclusão 59

Sumário **vii**

CAPÍTULO 3

# JAXB - JAVA ARCHITECTURE FOR XML BINDIGN 63

## Introdução 65

## Anotações do JAXB 66

@XmlRootElement 68

@XmlAccessorType 69

Colocando em prática I 71

@XmlType 78

@XmlTransient 79

@XmlAttribute 80

@XmlElement 81

Relacionamentos entre objetos 82

Colocando em prática II 83

Listas de objetos 92

Colocando em prática III 93

@XmlJavaTypeAdapter 100

Colocando em prática IV 102

@XmlEnum e @XmlEnumValue 106

Colocando em prática V 107

Anotações de pacotes 119

viii Java RESTful na prática com JAX-RS

XML Schema 124

Colocando em prática VI 125

Unmarshall 130

## Jackson 133

Colocando em prática VII 137

Gerando arquivos .json 144

## Conclusão 146

## CAPÍTULO 4

# IMPLEMENTANDO SERVIÇOS RESTFUL 151

## Introdução 153
## Criando o projeto RESTful 153
## Anotações do JAX-RS 162

@Path 163

@Produces 164

@Consumes 165

@ApplicationPath 165

Colocando em prática VIII 166

@Path Expressions 171

@PathParam 173

@QueryParam 174

Sumário **ix**

| | |
|---|---|
| @MatrixParam | 176 |
| @FormParam | 178 |
| Colocando em prática IX | 180 |

## HTTP Status e Tratamento de Erros — 195

## Arquivos — 205

## Serviços JSON — 209

| | |
|---|---|
| Colocando em prática X | 212 |

## Conclusão — 225

CAPÍTULO 5

# APLICAÇÕES CLIENTES RESTFUL — 229

## Introdução — 231

| | |
|---|---|
| Criando o projeto RESTful cliente | 231 |

## JAX-RS Client — 235

| | |
|---|---|
| Implementando uma aplicação cliente | 238 |
| Consumindo serviços em diferentes formatos | 239 |
| PathParam | 241 |
| QueryParam | 244 |
| MatrixParam | 245 |
| FormParam | 246 |
| Colocando em prática XI | 247 |

x  Java RESTful na prática com JAX-RS

| | |
|---|---|
| Interfaces de serviços | 251 |
| Colocando em prática XII | 253 |
| **RESTEasy Client** | **269** |
| Colocando em prática XIII | 271 |
| Apache HTTP Client | 275 |
| Conclusão | 280 |

CAPÍTULO 6

## HATEOAS, CACHING E SEGURANÇA    283

| | |
|---|---|
| Introdução | 285 |
| HATEOAS | 285 |
| Caching | 307 |
| Segurança | 324 |
| Conclusão | 329 |
| **RESENHA** | **331** |

# PREFÁCIO

Com a evolução da internet, as informações tornaram-se o maior ativo das empresas. No entanto, elas estão espalhadas em diferentes sistemas que na maioria dos casos não conseguem se comunicar. O maior desafio dos analistas e desenvolvedores da atualidade é conseguir integrar essas informações de diferentes origens com o objetivo de construir relatórios estratégicos visando alavancar o faturamento ou até mesmo para manter a sobrevivência da empresa.

Além de integrar informações de aplicações heterogêneas, outro desafio é conseguir disponibilizá-las de forma correta e com segurança para garantir que qualquer tipo de aplicação, sejam elas webs, desktops ou até mesmo aplicativos mobile possam consumi-las com sucesso.

Visando atender esses desafios, a Oracle adicionou ao Java Enterprise Edition a Java API for RESTful Services que possibilita a criação de aplicações que utilizam o protocolo HTTP para trocar informações de forma identificada, padronizada e segura. Essas aplicações, conhecidas como aplicações REST, tem a capacidade de serem executadas tanto do lado (server-side) servidor quando do lado cliente (cliente-side).

Ao longo deste livro, você aprenderá os principais conceitos no desenvolvimento de aplicações REST, como expor informações por meio do protocolo HTTP e, principalmente, como implementar serviços que disponibilizam informações em diferentes formatos, como XML, JSON e dados binários. Você aplicará esses conceitos no desenvolvimento de aplicações que simulam os problemas existentes na troca de mensagens entre aplicações

xii Java RESTful na prática com JAX-RS

e, acima de tudo, ganhará conhecimento suficiente para construir sistemas que atendam os desafios expostos pelo mercado de trabalho.

Este livro contém uma grande quantidade de códigos de exemplos para que você possa ver na prática as características de implementação de aplicações RESTful e também com o objetivo de consolidar o conhecimento adquirido ao longo do livro. E que ao final, você tenha conhecimento suficiente para visualizar onde e como aplicar esse conhecimento.

# CAPÍTULO 1

| | |
|---|---|
| **INTRODUÇÃO** | **5** |
| **REST** | **7** |
| **RESTful** | **10** |
| Métodos do protocolo HTTP | 11 |
| Stateless – Sem conservação de estado | 14 |
| Identificações únicas para os recursos | 16 |
| Diferentes tipos de mensagens | 19 |
| **JAX-RS 2.0** | **20** |
| **Códigos de status do protocolo HTTP** | **22** |
| **CONCLUSÃO** | **25** |

# 1
## CAPÍTULO

# REST E A ARQUITETURA ORIENTADA A RECURSOS

# INTRODUÇÃO

Por volta de cinco anos atrás, quando um desenvolvedor de sistemas começava a construir uma nova aplicação web ou um novo site para uma empresa qualquer ele se preocupava em implementar um sistema com todos os requisitos solicitados pelo cliente e também em fazê-lo funcionar nos navegadores Internet Explorer, até então era o mais utilizado nas empresas, e no Firefox, sendo o navegador Google Chrome um bônus.

Atualmente construir um sistema se tornou uma tarefa bem mais complicada, apesar da evolução tecnológicas que vivemos, pois o desenvolvedor além de se preocupar em implementar um sistema coeso, íntegro, robusto e alinhado aos requisitos solicitados pelo cliente, ele deve se preocupar também em implementar um sistema com ricas interfaces, com recursos supermodernos, que funcione nos principais navegadores do mercado, que funcione de forma elegante nos diferentes navegadores existentes, nos smartphones e tablets (layout responsivo), e que possua módulos/extensões para as diferentes versões do Android e Iphone. Além disso, que funcione nos navegadores das smart tvs e consoles como PlayStation 4 e Xbox One.

Uma pergunta que tira o sono de muitos arquitetos, analistas e desenvolvedores de sistemas é como elaborar e construir um sistema que funcione em tantas plataformas distintas, principalmente se o mesmo utilizar diferentes linguagens e tecnologias em sua implementação?

A resposta dessa pergunta está na elaboração de aplicações distintas, divididas conforme as suas responsabilidades, sendo constituída de uma aplicação Servidora (back-end) e de uma ou mais aplicações Clientes

**6** Java RESTful na prática com JAX-RS

(front-end). Nesse contexto, a aplicação Servidora deve ser implementada seguindo os conceitos de uma arquitetura orienta a serviços que contenha toda a parte de persistência de dados e que seja responsável por disponibilizar todos os recursos solicitados por meio de serviços (webservices).

Nesse modelo de arquitetura, as aplicações clientes podem ser do tipo desktop, sistemas web, aplicações mobile ou de qualquer outra característica, mas que devem conter suas particularidades individuais de implementação, contendo restrições e regras de implementação de suas respectivas interfaces com o usuário.

O ponto mais importante nesse modelo de arquitetura é que a aplicação Servidora precisa ser implementada de forma que ela fique totalmente independente e desacoplada das aplicações Clientes, que seja uma aplicação isolada e que não tenha e nem precise armazenar status ou qualquer informação das aplicações clientes que acessam os recursos disponibilizados pela aplicação Servidora.

O diagrama da Figura 1-1 mostra de forma macro a estrutura de uma aplicação Servidora que utiliza a tecnologia REST para disponibilizar recursos para diversos tipos de aplicações clientes.

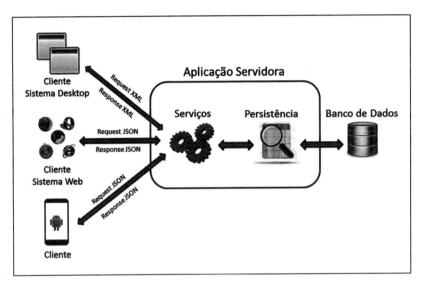

**Figura 1-1** Arquitetura macro de uma aplicação orientada a recursos

# REST

O REST, cujo nome é um acrônimo de Representational State Transfer (Transferência de Estado Representativo), define um modelo de arquitetura distribuído que utiliza unicamente o protocolo HTTP para disponibilização de recursos. Ele determina que qualquer implementação de um recurso seja de baixo acoplamento, que a troca de mensagens entre a aplicação cliente e servidora não possua uma conservação de estado, que sua implementação seja independente de plataforma e tecnologia e que todo e qualquer recurso disponível possua um identificador único.

Em palavras diretas, o REST é um padrão para a construção de webservices que farão uso exclusivamente do protocolo HTTP para trocas de mensagens, enquanto que os webservices desenvolvidos no padrão SOA

**8** Java RESTful na prática com JAX-RS

(Arquitetura Orientado a Serviço) utilizam o protocolo SOAP (Protocolo Simples de Acesso a Objetos). Por usar o protocolo HTTP, as trocas de mensagens entre serviços construídos no padrão REST tendem a ser mais rápidas do que as implementas no padrão SOA. Ademais, o padrão SOA por usar o protocolo SOAP, utiliza apenas o formato XML para realizar as trocas de mensagens entre a aplicação servidora e seus clientes, enquanto que o REST possui uma maior portabilidade, pois permite que mensagens sejam trocadas no formato de textos simples, XML, JSON, imagens, vídeos etc.

Outra vantagem singular é que construir webservices utilizando REST é muito mais simples do que utilizando SOA. As aplicações clientes podem ser implementadas em diversas tecnologias, até mesmo utilizando tecnologias que rodam diretamente no lado cliente, como JavaScript e HTML5.

Um ponto de comparação bastante interessante entre REST e SOA é que na arquitetura SOA os serviços são construídos levando em consideração as ações (verbos), como mostrado no exemplo abaixo:

```
localizarCliente(String nome)
cadastrarCliente(Cliente novo)
excluirCliente(int id)
```

Já na arquitetura REST, os recursos são construídos levando em consideração as entidades (substantivos), como mostrado a seguir:

```
http://localhost:8080/clientes
http://localhost:8080/clientes/Carlos
http://localhost:8080/clientes?nome=Carlos&sobrenome=Silva
```

Enquanto que no padrão SOA as chamadas são realizadas método a método, em REST as chamadas são realizadas diretamente na entidade, que no exemplo anterior foi realizada diretamente na entidade cliente, que por sua vez será responsável em disponibilizar todos os recursos existentes na entidade.

Ainda no exemplo anterior, você pode perceber que o REST trabalha com passagem de parâmetros diretamente na solicitação do protocolo HTTP. Ao utilizar o protocolo HTTP, o REST define como premissa que todos os recursos sejam disponibilizados por meio dos métodos existentes no próprio protocolo HTTP, que são os métodos GET, POST, PUT, DELETE e HEAD. No caso do exemplo anterior empregamos apenas o método GET para acessar os recursos existentes em Clientes e ao digitar a primeira URL em um navegador iremos receber uma resposta como mostrada na Figura 1-2.

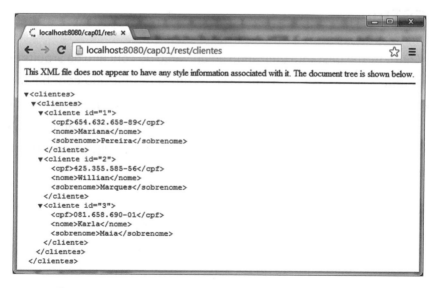

**Figura 1-2** Exemplo de uma mensagem REST no formato XML

Como falado anteriormente, um recurso construído utilizando REST pode gerar respostas em diferentes formatos. Para demonstrar essa capacidade, a Figura 1-3 exibe a mesma resposta mostrada na figura anterior no formato JSON.

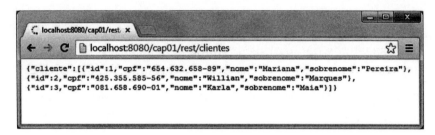

**Figura 1-3** Exemplo de uma mensagem REST no formato JSON

## RESTful

Outro termo bastante utilizando no universo do conceito da arquitetura orientada a recursos é RESTful. Esse termo será utilizado com bastante frequência no decorrer deste livro. Particularmente, empregaremos para se referir as implementações de webservices utilizando os padrões REST. Sendo que as implementações construídas em RESTful seguem os seguintes princípios:

- Utilizar os métodos do protocolo HTTP explicitamente;
- Não manter conservação de estado entre aplicações cliente e servidor;
- Disponibilizar identificações (URI) para todos os recursos;
- Utilizar XML, JSON, Text, imagens etc para as trocas de mensagens.

REST e a Arquitetura Orientada a Recursos **11**

Para melhorar o entendimento sobre esses princípios, os itens acima serão detalhados nos tópicos a seguir.

## Métodos do protocolo HTTP

Quando o RESTful determina que os métodos do protocolo HTTP devem ser explicitamente usados, significa que em uma implementação de um webservice você deve aplicar os métodos GET, POST, PUT, DELETE e HEAD. Na prática esse métodos são usados da seguinte forma:

- Métodos **POST**: utilizado na criação de um novo recurso no servidor, como um novo cliente, um novo pedido, uma nova solicitação de compra etc.

- Métodos **GET**: utilizado para obter recursos no servidor, como uma lista de clientes, uma lista de pedidos, um item comprado, o retorno de uma consulta etc.;

- Método **PUT**: utilizado para mudar o status de um recurso, isto é, para atualizar as informações de um recurso em específico, como alterar o status de um determinado pedido, alterar a data da entrega de um item etc.

- Método **DELETE**: utilizado para excluir ou remover um determinado recurso, como remover um item de uma compra, cancelar um pedido, excluir um cliente etc.

- Método **HEAD**: esse método é utilizado para verificar e definir informações importantes tanto no envio de uma solicitação quando em uma resposta, como por exemplo para definir o status de uma

**12** Java RESTful na prática com JAX-RS

requisição como válida ou como inválida. Além disso, esse método determina o tipo da mensagem trocada entre a aplicação servidora e as aplicações clientes (Media Type) e se há algum recurso extra anexado ao cabeçalho da mensagem trocada entre as partes, como uma imagem, um vídeo, arquivo texto ou até mesmo um conjunto de diferentes tipos de arquivos.

Fazendo analogia a uma tela de cadastro de um sistema convencional, que possui as funcionalidades de incluir, alterar, consultar e excluir um determinado registro. A implementação de um serviço RESTful com os métodos HTTP refletirão as funcionalidades da seguinte maneira: POST para incluir, PUT para alterar, GET para consultar e DELETE para excluir. Garantido dessa forma o mesmo princípio já existente e consolidado na construção de softwares aplicativos.

Para clarear o entendimento, o código a seguir demonstra como esse conceito é utilizado na prática. Sem levar em considerações os aspectos de implantação, repare que os métodos do protocolo HTTP são utilizados explicitamente por meio de anotações em cima de cada método existente em uma classe que disponibiliza recursos RESTful:

```
@POST
public void cadastraCliente(Clinte c){
    ...
}

@PUT
public void alteraCliente(Clinte c){
    ...
}
```

```
@GET
public Clientes getAllClientes(){
    ...
}

@DELETE
public void excluiCliente(int id){
    ...
}
```

Um ponto que vale destacar na utilização dos métodos do protocolo HTTP é que não existe um limite mínimo ou máximo de vezes que um mesmo método pode ser utilizado, sendo na maioria dos casos, o método GET o mais usado. O código a seguir mostra um exemplo de como um método pode ser usado mais de uma vez em um mesmo webservice:

```
@GET
public Clientes getAllClientes(){
    ...
}

@GET
public Clientes getClientesAtivos(){
    ...
}

@GET
public Clientes getClientesInativos(){
    ...
}
```

## Stateless – Sem conservação de estado

Outro princípio empregado pelo RESTful é a questão da não preservação de estado entre a aplicação servidora (back-end) e a aplicação cliente (front-end). Ao criar uma aplicação Java Web convencional o desenvolvedor define no arquivo **web.xml** o tempo de duração das sessões dos usuários, isto é, o tempo em que as informações (instâncias de objetos) ficarão armazenadas na memória do servidor sem que haja perda de informações. O código a seguir mostra um trecho do código que configura um tempo de 30 minutos de armazenamento de informações das aplicações clientes no servidor.

```
<web-app ...>
    <session-config>
        <session-timeout>30</session-timeout>
    </session-config>
</web-app>
```

Caso a aplicação trabalhe com um volume muito grande de informações e ainda possua um número considerável de usuários ativos na sessão, o consumo de memória do servidor de aplicação ficará sempre alto, podendo acarretar um estouro de memória. Outro fator de dificuldade nessa abordagem é fazer com que a aplicação servidora administre a sessão de cada usuário que acessa a aplicação, como informações sigilosas (login e senha), perfil de acesso, compartilhamento de informações entre sessões de usuários distintos etc.

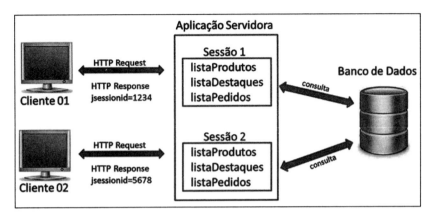

**Figura 1-4** Aplicação web com estado de conservação

Em RESTful o estado de uma solicitação não é preservado. Isso significa que, sempre que uma informação for solicitada ela primeiro será criada para somente então ser enviada como resposta. Após o envio da resposta para a aplicação solicitante, a informação criada será destruída. Além disso, cada solicitação será independente de quaisquer outras solicitações. Em palavras diretas, nesse modelo os recursos são criados sob demandas e de forma independente, sem que as informações das aplicações clientes sejam mantidas na memória do servidor, possibilitando que a aplicação servidora possa trabalhar de forma escalável, manipulando mais solicitações do que uma aplicação web convencional, e sem perda de performance.

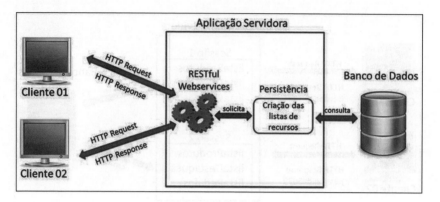

**Figura 1-5** Aplicação RESTful - sem estado de conservação

Analisando a Figura 1-5 melhor, você pode estar se perguntando: a lista de recursos sempre será criada para todas as solicitações? Não está ocorrendo muitas consultas no banco de dados? Pois bem, a grande vantagem do RESTful é a utilização de cache. Com o RESTful você pode implementar um código que realiza uma consulta na base de dados e que mantém o resultado dessa consulta ativa por um período de tempo, melhorando a performance da aplicação. Como por exemplo, imagine que um sistema precise listar um conjunto de produtos com seus respectivos preços. Essa lista não mudará nas próximas duas horas, e isso é uma regra do sistema, então você poderá adicionar a lista dos produtos em um cache para quando houver novas solicitações à essas mesmas informações, assim o sistema não terá que realizar novas consultas à base de dados.

### Identificações únicas para os recursos

Ao implementar webservice RESTful é necessário que cada recurso possua um endereço único dentro do mesmo contexto de aplicação. Esse endereço ou identificador é conhecido como URI (Uniform Resource Identifier) e nada mais é do que um hiperlink que aponta para um recurso e por esse motivo não é possível que dois recursos tenham a mesma URI.

Uma implementação RESTful não determina um padrão para a definição da URI de um sistema, ficando a cargo do desenvolvedor determinar o melhor endereço conforme as características do projeto em questão. Vale lembrar que um recurso está sempre associado a um substantivo e como convenção deve ser utilizado no plural, pois está se referindo a uma entidade na qual possui uma série de funcionalidades. Os endereços a seguir mostram como os identificares podem ser usados:

```
http://localhost:8080/cap01/rest/clientes
http://www.meusistema/rest/items
http://www.meusistema/services/rest/pedidos
```

Apenas para melhorar o entendimento sobre como utilizar identificadores e não querendo entrar nos detalhes de implementação, pois isso será mostrado em detalhes nos capítulos futuros. O código seguinte mostra como uma URI é definida para um recurso. Repare que uma anotação é adicionada na definição de classe, a qual será responsável por prover os recursos a serem disponibilizados.

```
@Path("clientes")
public class ClienteResource{
    ...
}
```

Além de definir uma URI na definição de uma classe, também é possível criar uma identificação para cada método que a compõe.

# 18 Java RESTful na prática com JAX-RS

```
@Path("clientes")
public class ClienteResource{

        @GET
        @Path("/ativos")
        public Clientes getAllClientes(){
                ...
        }
}
```

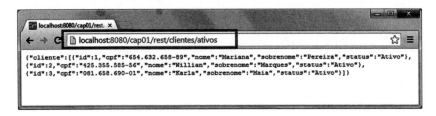

**Figura 1-6** Exemplo de definição de URI para um recurso

Como você pode ter percebido, a composição final de uma identificação (URI) de um webservice RESTful é formada pelas seguintes partes:

1. Endereço do servidor: *localhost + porta*
2. Nome do sistema: cap01
3. Nome intermediário (opcional): rest
4. Nome do recurso: clientes
5. Nome dos métodos (opcional): ativos

## Diferentes tipos de mensagens

Como falado anteriormente, umas das grandes vantagens da criação de um webservice utilizando a tecnologia REST é a possibilidade de trocar mensagens em diferentes formatos, como Text, XML e JSON. Atualmente o formato JSON está em destaque e sendo bastante utilizado, principalmente para troca de mensagens entre aplicações desenvolvidas para a plataforma móvel, como Android e IOS.

Implementar serviços RESTful nesses formatos é muito simples, pois as APIs RESTful fazem todo o trabalho pesado para o desenvolvedor, ficando esse responsável apenas por definir o formato da mensagem que será trocada entre as aplicações por meio de uma simples anotação. O fragmento código a seguir mostra como é feita a definição de uma mensagem no formato em XML:

```
@GET
@Path("/ativos")
@Produces("application/xml")
public Clientes getAllClientes(){
    ...
}
```

Já o fragmento de código seguinte mostra a definição de uma mensagem no formato JSON:

```
@GET
@Path("/ativos")
@Produces("application/json")
public Clientes getAllClientes(){
    ...
}
```

Além disso, ainda é possível que uma mesma mensagem seja gerada em mais de um formato, ficando a cargo da aplicação cliente escolher o melhor formato para consumi-la. Veja o fragmento de código a seguir:

```
@GET
@Path("/ativos")
@Produces({"application/xml", "application/json"})
public Clientes getAllClientes(){
    ...
}
```

# JAX-RS 2.0

A Java API for RESTful Web Services (JAX-RS) como o próprio nome já diz é uma API para desenvolvimento de aplicações e serviços RESTful utilizando a tecnologia Java. Essa API, que atualmente está na versão 2.0, faz parta do JEE7 e é definida pelas especificações JSR 311 e JSR 339. Um sistema desenvolvido utilizando JAX-RS nada mais é do que um sistema web constituído de classes empacotadas como um Servlet dentro de um arquivo WAR (Web application ARchive). A publicação de um sistema baseado nessa API pode ser feita tanto em um Web Container, como TomCat ou Jetty, ou em um Aplication Server, como JBoss Wildfly ou GlassFish.

Atualmente, existem dois framewoks que implementam as especificações do JAX-RS: o RESTEasy e o Jersey. O RESTEasy é mantido pela equipe da JBoss e está contido no Aplication Server Wildfly 8. Já o Jersey é mantido pela mesma equipe do GlassFish e por isso ele já vem dentro desse Aplication Server. Também é possível adicionar esses frameworks aos Web Container, TomCat e Jetty simplesmente adicionando os arquivos "jar" às bibliotecas do projeto ou simplesmente fazendo a importação das bibliotecas diretamente por meio do Apache Maven, que é a forma mais recomendada para a importação dos dois framewoks.

O trecho de código abaixo, mostra a dependência necessária que deve ser adicionada ao arquivo pom.xml para importar as bibliotecas do RESTEasy utilizando o Apache Maven:

```
<dependency>
    <groupId>org.jboss.resteasy</groupId>
    <artifactId>resteasy-servlet-initializer</artifactId>
    <version>3.0.7.Final</version>
</dependency>
```

Já o trecho de código abaixo, mostra a dependência necessária para importação das bibliotecas do Jersey.

```
<dependency>
    <groupId>org.glassfish.jersey.containers</groupId>
    <artifactId>jersey-container-jdk-http</artifactId>
    <version>2.11</version>
</dependency>
```

Tanto o RESTEasy quanto o Jersey são frameworks muito similares, com exceção de pequenas particularidades. Ao aprender a trabalhar com um framework, automaticamente você também saberá trabalhar com o outro, pois eles implementam as mesmas especificações do JAX-RS.

Neste livro, iremos utilizar o RESTEasy em conjunto com o Aplication Server Wildfly 8 pelo fato desse framework já fazer parte desse Aplication Server e também pelo fato do servidor da JBoss ser muito popular e bastante utilizado pelas empresas nacionais e internacionais, mas você pode

**22** Java RESTful na prática com JAX-RS

ficar livre para utilizar qualquer Web Container ou Aplication Server de sua escolha que suporte Servlet 3.0 ou superior.

# Códigos de status do protocolo HTTP

Antes de finalizarmos esse capítulo, é muito importante fazermos uma revisão dos principais códigos de status do protocolo HTTP, pois todas as mensagens trocadas entre a aplicação servidora e seus clientes possuem um código de status contido no cabeçalho das mensagens trocadas. Independentemente se as mensagens forem de sucesso ou falha, todas terão um código de status.

Resumidamente, os códigos de status do protocolo HTTP são divididos em cinco grupos, como mostrado a seguir:

1xx – Códigos informativos;

2xx – Códigos de sucesso;

3xx – Códigos de Redirecionamento;

4xx – Códigos de erro no Cliente;

5xx – Códigos de erro no Servidor.

Dos grupos mostrados acima, os códigos mais usados são: 200, 404 e 500. O código 200 representa um status de "OK" e significa que a informação solicitada foi retornada com sucesso. Esse código é muito importante e o desenvolvedor deve sempre verificar se o status da solicitação é de sucesso, pois caso não seja o sistema deve apresentar uma mensagem de erro tratada e amigável para os usuários da aplicação. A Figura 1-7 mostra um exemplo de como esse código é recebido em conjunto com o recurso solicitado.

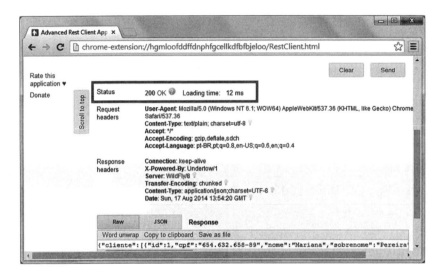

**Figura 1-7** Exemplo do código de status 200 do protocolo HTTP

O status 404 ocorre quando o servidor não consegue encontrar o endereço da informação solicitada, como um recurso inexistente para uma determinada URI solicita pela aplicação cliente por meio do método GET do protocolo HTTP. A Figura 1-8 mostra um exemplo de como esse status é recebido em uma mensagem de resposta enviada pela aplicação servidora quando ela não consegue localizar a URI solicitada.

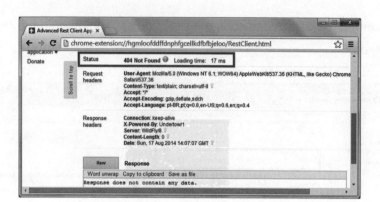

**Figura 1-8** Exemplo do código de status 404 do protocolo HTTP

O código de status 500 ocorre quando acontece algum problema na aplicação servidora e a mesma não consegue enviar uma mensagem para as aplicações clientes. Esse problema pode ser causado por diversos motivos, como por exemplo, por uma falha ao realizar uma consulta em um banco de dados, ou por um serviço com uma regra mal implementada que realiza uma operação fatal e aborta o processamento. Esse status também pode ser gerado por falha no servidor de aplicação, como falta de memória interna ou também por falha de processamento. A Figura 1-9 mostra um exemplo de uma mensagem recebida com o status 500.

**Figura 1-9** Exemplo do código de status 500 do protocolo HTTP

●●●●●●●●●●●●●●●●●●●●●●●●●

## CONCLUSÃO

Apesar de este capítulo ter apresentado alguns fragmentos de código para implementação de webservices RESTful, o foco principal neste momento é que você entenda os conceitos da arquitetura orientado a recurso proposto pela tecnologia REST e perceba os ganhos na publicação de webservices seguindo esse padrão.

No próximo capítulo você será apresentado às ferramentas necessárias para a criação de webservices RESTful. Apesar de a expectativa ser grande para começarmos a implementação de exemplos completos, conhecer e escolher as ferramentas certas na construção de qualquer sistema reflete em produtividade e facilidade no momento do desenvolvimento.

# CAPÍTULO 2

## CRIANDO OS AMBIENTES DE DESENVOLVIMENTO — 31
### Baixando e instalando os programas — 33

## JAVA — 34
### Instalando o Java — 36
### Configurando as variáveis de ambientes — 38
JAVA_HOME — 38
CLASSPATH — 40
PATH — 41
Testando o ambiente Java — 42

## ECLIPSE — 43
### Executando o Eclipse — 44

## JBOSS WILDFLY — 46

## JBOSS TOOLS — 51

## CONFIGURANDO O WILDFLY NO ECLIPSE — 54

## ADVANCED REST CLIENT — 57

## CONCLUSÃO — 59

# CAPÍTULO 2

# INSTALAÇÃO E CONFIGURAÇÃO DOS AMBIENTES DE DESENVOLVIMENTO

# CRIANDO OS AMBIENTES DE DESENVOLVIMENTO

A primeira vista pode parecer simples montar um ambiente de desenvolvimento. No entanto, a escolha das ferramentas corretas trazem grandes benefícios e podem até mesmo garantir o sucesso de um projeto.

Atualmente já é possível gerar parte do trabalho de desenvolvimento automaticamente com auxílio de ferramentas, reduzindo o trabalho repetitivo. Além da geração de código, as ferramentas contribuem na identificação e solução de problemas corriqueiros que surgem durante o desenvolvimento de um sistema.

Uma das grandes vantagens em se trabalhar com a linguagem Java é que existe uma infinidades de IDEs (Integrated Development Environment), APIs e frameworks disponíveis no mercado, sendo alguns livres e outros pagos. Entretanto, o que é vantagem para algumas pessoas, pode ser desvantagem para outras.

O fato de existir uma grande quantidade de IDEs, APIs e frameworks disponíveis pode dificultar na definição da escolha da melhor ferramenta para a implementação de um sistema, principalmente para desenvolvedores iniciantes ou até mesmo para desenvolvedores experientes que estão iniciando seus estudos em uma nova tecnologia. Ademais, estudar e experimentar ferramentas de desenvolvimento demanda tempo e tempo em um projeto significa custo. Como sabemos, os custos em um projeto refletem diretamente no bolso dos clientes e qualquer atividade adicional fará o custo final do produto subir.

Outro ponto que também é importante ser levado em consideração é que um mesmo desenvolvedor pode trabalhar com diferentes ambientes de desenvolvimento, um para cada projeto ou tipo de sistema ou até mesmo para cada tipo de tecnologia utilizada.

Levando em consideração as importâncias e dificuldades citadas acima, esse capítulo é destinado inteiramente para instalação, montagem e configuração de um ambiente de desenvolvimento ideal para a implementação de aplicações RESTful. E também de algumas importantes ferramentas que permitem ver e realizar testes nas mensagens geradas pelo sistema. Para essa parte, iremos utilizar as seguintes aplicações:

- **Java 8:** tecnologia para a implementação de todos os sistema, incluindo aplicações servidoras (back-end) e aplicações clientes (front-end);

- **Eclipse:** IDE de desenvolvimento;

- **JBoss WildFly:** servidor de aplicação;

- **JBoss Tools:** plugin do Eclipse que possuir diversas ferramentas de apoio para o desenvolvimento das aplicações;

- **JBoss RESTEasy:** framework para a implementação de aplicações RESTful;

- **Advanced Rest Client:** plugin do navegador Google Chrome que possibilita ver e testar as mensagens REST criadas pelas aplicações servidoras.

Instalação e Configuração dos Ambientes de Desenvolvimento **33**

As aplicações servidoras (back-end) e as aplicações clientes (front-end) serão construídas utilizando o Eclipse. Então não se preocupe se você não conhece ou não nunca mexeu em todas as ferramentas listadas anteriormente, pois iremos estudá-las individualmente para que você possa se familiarizar e tirar total proveito de suas facilidades.

## Baixando e instalando os programas

Neste capítulo, iremos mostrar em detalhes onde baixar e como instalar todos os programas necessários para montar os ambientes de desenvolvimento. Um ponto importante que você precisa saber sobre esses programas é que todos eles são classificados como software livres e, por isso, você ou sua empresa não precisa pagar nenhum valor para utilizá-los.

Para uma melhor organização, iremos utilizar um diretório com nome downloads para armazenar os arquivos necessários para a criação do ambiente de desenvolvimento. Quando todos os arquivos forem baixados, a pasta conterá os programas mostrados na Figura 2-1.

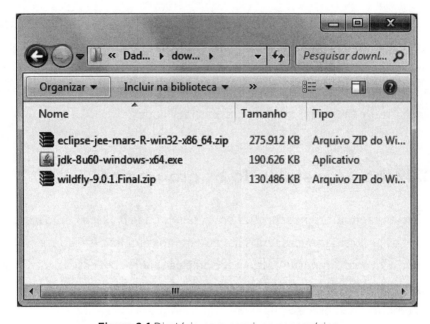

**Figura 2-1** Diretório com arquivos necessários

# JAVA

Anteriormente, o Java pertencia à empresa Sun Microsystems, que em 20 de abril de 2009 foi comprada pela Oracle. Atualmente a Oracle é responsável pelos servidores SUN, bem como os softwares elaborados por aquela empresa, o que inclui o Java e toda sua família.

Instalação e Configuração dos Ambientes de Desenvolvimento  **35**

No site da Oracle, na parte de Downloads, você encontrará algumas opções do Java para baixar, inclusive as versões anteriores. A versão usada neste livro é a versão 8.0 update 60. A Figura 1-2 mostra em detalhes o site onde o Java Development Kit (JDK) é baixado.

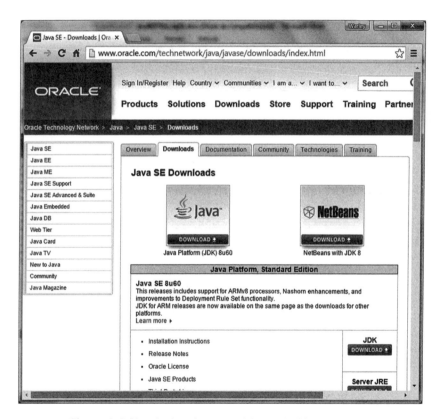

**Figura 2-2** Site da Oracle no qual é possível baixar o JDK

Na mesma página onde você baixou o JDK, você também tem a opção de baixar a documentação completa do Java. Nessa documentação você encontrará informações importantes de todas as classes e seus respectivos métodos contidos na versão escolhida. Essa documentação é de extrema importância tanto para os iniciantes quanto para os experientes programadores Java.

## Instalando o Java

Iremos agora mostrar como é feita a instalação do Java Development Kit (JDK). Na sequência iremos criar as variáveis de ambiente e explicar o objetivo de cada uma delas.

A instalação do JDK segue o padrão de instalação de qualquer aplicativo do Windows: primeiro você executa o programa dando um duplo clique no arquivo executável, em seguida informa um diretório em que o programa será instalado e por fim você clica no botão concluir.

Durante a instalação, manteremos o diretório padrão recomendado pelo instalador Java, pois alguns programas utilizam este caminho como padrão para procurar os seguintes executáveis:

- `javac.exe` - compilador Java

- `java.exe` - ferramenta de execução

A Figura 2-3 mostra a tela de instalação do Java Development Kit (JDK) com todas as opções necessárias selecionadas.

Instalação e Configuração dos Ambientes de Desenvolvimento **37**

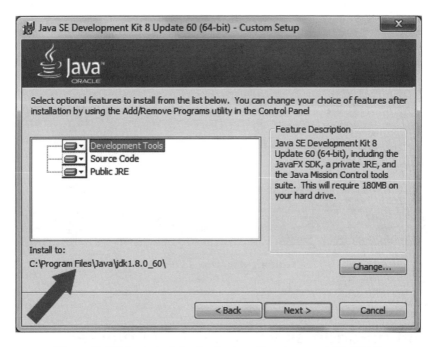

**Figura 2-3** Tela de instalação do Java Development Kit (JDK)

Após a instalação das ferramentas de desenvolvimento, o instalador irá solicitar informações sobre o local onde será instalado o Java Runtime Environment (JRE), que contém o ambiente de execução do Java, a Java Virtual Machine(JVM). Como no passo anterior, iremos manter o diretório padrão já informado no instalador. A Figura 2-4 mostra a tela de instalação do JRE.

38  Java RESTful na prática com JAX-RS

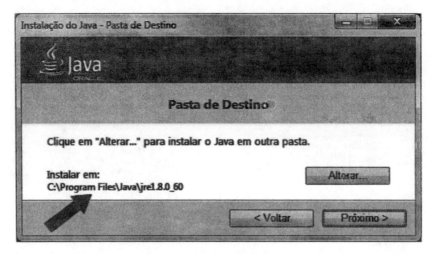

Figura 2-4 Instalação do JRE

## Configurando as variáveis de ambientes

Após a instalação das ferramentas de desenvolvimento é necessário informar algumas variáveis para que o sistema operacional e alguns outros programas possam encontrar e executar os programas contidos no JDK.

### JAVA_HOME

Esta variável de ambiente informa ao sistema operacional em qual diretório estão instaladas as ferramentas de desenvolvimento Java. Essa variável será usada por outras ferramentas ou frameworks que necessitem utilizar os programas contidos no JDK.

Instalação e Configuração dos Ambientes de Desenvolvimento  39

Para criar a variável JAVA_HOME, bastar ir à Propriedades do Sistema, no Painel de Controle do Windows e escolha a opção Configurações Avançadas do Sistema, como mostrado na Figura 1-9.

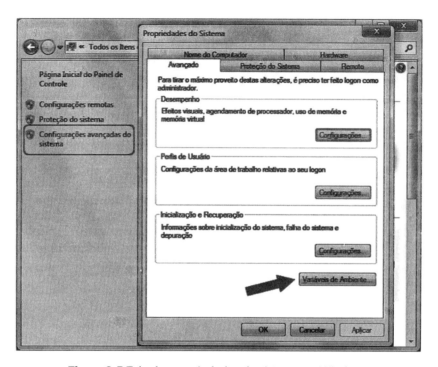

**Figura 2-5** Tela de propriedades do sistema no Windows

Após clicar no botão Variáveis de Ambiente, você deve escolher o botão Novo da área Variáveis do Sistema. No campo Nome da Variável, deve ser informado o nome JAVA_HOME, todo em maiúsculo. No campo Valor da Variável, deve ser informado o caminho completo onde foi instalado o JDK. A Figura 2-6 mostra em detalhes como a variável JAVA_HOME é criada.

40  Java RESTful na prática com JAX-RS

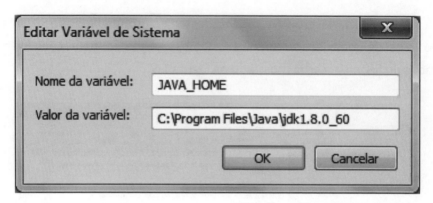

Figura 2-6 Criando a variável JAVA_HOME

## CLASSPATH

Esta variável é importante para compilar e executar programas implementados em Java. É nela que especificamos os locais onde estão armazenados arquivos e bibliotecas utilizados pelos sistemas e FrameWorks desenvolvidos em Java.

A criação dessa variável segue os mesmos passos mostrados anteriormente na criação da variável JAVA_HOME. No campo Valor da Variável deve ser informado o nome CLASSPATH, também todo em maiúsculo. No campo Valor da Variável dever ser informado a variável JAVA _ HOME, criada anteriormente. A Figura 2-7 mostra em detalhes como essa variável é criada.

Instalação e Configuração dos Ambientes de Desenvolvimento   41

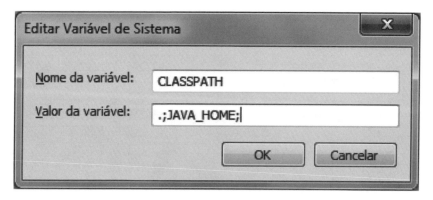

**Figura 2-7** Criando a variável CLASSPATH

## PATH

Diferentemente das outras duas variáveis de ambiente, que precisam ser criadas pelo desenvolvedor, essa variável já existe na lista de Variáveis do Sistema. A variável Path é utilizada para definir de forma global o lugar em que estão localizadas as ferramentas de desenvolvimento Java. Ao informar o caminho das ferramentas de desenvolvimento nessa variável, será possível compilar e executar programas Java de qualquer diretório do seu computador.

Para adicionar um conteúdo a essa variável, você deve clicar no botão Editar. Perceba que o campo Valor da variável já possui alguns valores separados por ponto e vírgula (;). Vá até o final do campo e adicione o valor %JAVA_HOME%\bin; . A Figura 2-8 mostra como adicionar o valor à variável Path. Após a configuração das variáveis, clique no botão "OK" da tela Variáveis de Ambiente.

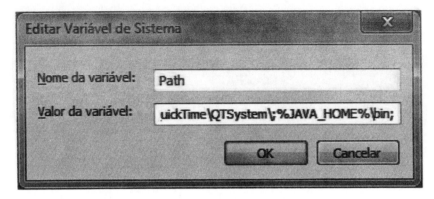

**Figura 2-8** Adicionado valor à variável Path

## Testando o ambiente Java

Agora, iremos verificar se tudo está funcionado conforme o esperado. Para isto abra o Prompt de Comando do Windows e digite o seguinte comando: `java -version`. Após a execução do comando deve ser exibida a versão do ambiente Java instalado em sua máquina. A Figura 2-9 mostra o resultado da execução do comando.

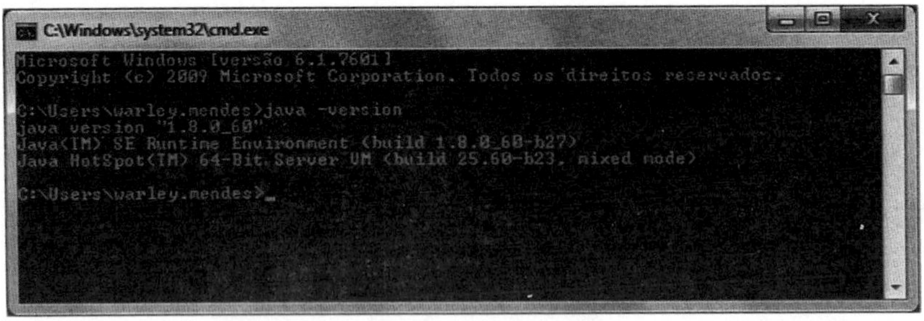

**Figura 2-9** Teste do ambiente Java

Ao digitar o comando java na tela do Prompt de Comando, deve aparecer uma lista de opções de comandos com uma breve descrição de cada um. Para obter mais informações sobre os comandos do Java, você pode acessar o endereço http://download.oracle.com/javase. Neste livro, iremos executar todos os comandos por meio da IDE Eclipse.

● ● ● ● ● ● ● ● ● ● ● ● ● ● ● ● ● ● ● ● ● ● ● ●

# ECLIPSE

O ambiente de desenvolvimento utilizado ao longo deste livro será o Eclipse, que é uma IDE bastante utilizada e difundida por desenvolvedores e pelo mercado de trabalho. Essa IDE é baixada diretamente do site `www.eclipse.org`, como mostrado na Figura 2-10. Se for de sua preferência, você também poderá utilizar a IDE Netbeans, baixado no site `www.netbeans.org`. Os resultados dos códigos mostrados ao longo deste livro terão o mesmo resultado nas duas IDEs.

A versão do Eclipse usada nesse livro é a Mars (4.5) Eclipse IDE for Java EE Developer. Essa versão possui alguns importantes plugins para o desenvolvimento de sistemas web.

44  Java RESTful na prática com JAX-RS

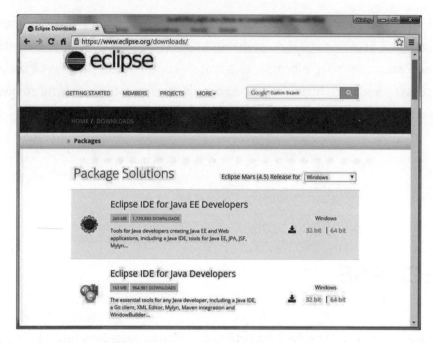

**Figura 2-10** Página de download do Eclipse

## Executando o Eclipse

Ao fazer o download do Eclipse você deve ter percebido que o arquivo baixado está compactado. O Eclipse não precisa ser instalado como um programa convencional do Windows, basta, apenas, descompactá-lo em algum diretório desejado para usá-lo.

Para facilitar os nossos trabalhos futuros, iremos criar uma pasta com o nome programas e iremos descompactar o Eclipse. Na sequência iremos criar outra pasta chamada projetos, que será usada para armazenar todos os projetos que serão criados ao longo do livro.

Instalação e Configuração dos Ambientes de Desenvolvimento  **45**

Para executar o Eclipse, basta dar um duplo clique no arquivo executável `eclipse.exe`, localizado na raiz da pasta do eclipse. Em seguida deve aparecer uma tela solicitando que você informe o diretório de trabalho no qual ficarão os projetos a serem criados. Nessa tela iremos informar a pasta projetos, criada no passo anterior. Para isso, basta clicar no botão "Browse..." e selecionar o diretório desejado. A Figura 2-11 mostra o diretório projetos selecionado.

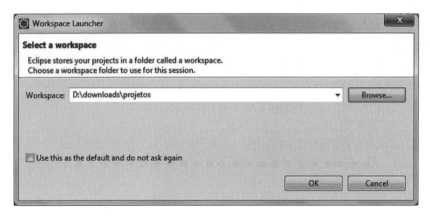

**Figura 2-11** Selecionado um diretório de trabalho

Ao clicar no botão "OK", a tela inicial de boas-vindas do Eclipse é carregada, como mostrado na Figura 2-12. Isso significa que o Eclipse encontrou corretamente o Java instalado na sua máquina e que as variáveis de ambiente foram criadas corretamente.

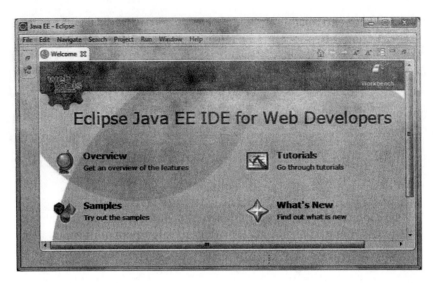

**Figura 2-12** Tela inicial do Eclipse

• • • • • • • • • • • • • • • • • • • • • • • • •

# JBOSS WILDFLY

Você pode estar se perguntando: por que utilizar o JBoss WildFly e não o TomCat? A resposta é simples: O TomCat é apenas um contêiner web, enquanto que o WildFly é uma Aplication Server! Em outras palavras, o TomCat implementa somente as APIs Java Servlet e JavaServer Pages (JSP), enquanto que o WildFly implementa a maioria das APIs especificadas pelo JavaEE 7. A lista a seguir mostra algumas implementações em destaques:

Instalação e Configuração dos Ambientes de Desenvolvimento **47**

- Java Servlet 3.1

- JavaServer Faces (JSF) 2.2

- EJB 3.2

- CDI 1.1

- JPA 2.1

- JAX-RS 2.0

- JAX-WS 2.2

- JMS 2.0

- JavaMail 1.5

A Tabela 2-1 mostra um comparativo entre a especificação Java EE 7 e todas as APIs implementadas pelo JBoss WildFly.

| Java EE 7 Platform Technology | Java EE 7 Full Profile | Java EE 7 Web Profile | WildFly 8 Full Profile | WildFly 8 Web Profile |
|---|---|---|---|---|
| JSR-356: Java API for Web Socket | X | X | X | X |
| JSR-353: Java API for JSON Processing | X | X | X | X |
| JSR-340: Java Servlet 3.1 | X | X | X | X |
| JSR-344: JavaServer Faces 2.2 | X | X | X | X |
| JSR-341: Expression Language 3.0 | X | X | X | X |
| JSR-245: JavaServer Pages 2.3 | X | X | X | X |
| JSR-52: Standard Tag Library for JavaServer Pages (JSTL) 1.2 | X | X | X | X |
| JSR-352: Batch Applications for the Java Platform 1.0 | X | -- | X | -- |
| JSR-236: Concurrency Utilities for Java EE 1.0 | X | X | X | X |
| JSR-346: Contexts and Dependency Injection for Java 1.1 | X | X | X | X |

**48** Java RESTful na prática com JAX-RS

| | | | | |
|---|---|---|---|---|
| JSR-330: Dependency Injection for Java 1.0 | X | X | X | X |
| JSR-349: Bean Validation 1.1 | X | X | X | X |
| JSR-345: Enterprise JavaBeans 3.2 | X CMP 2.0 Optional | X (Lite) | X CMP 2.0 Not Available | X (Lite) |
| JSR-318: Interceptors 1.2 | X | X | X | X |
| JSR-322: Java EE Connector Architecture 1.7 | X | -- | X | X |
| JSR-338: Java Persistence 2.1 | X | X | X | X |
| JSR-250: Common Annotations for the Java Platform 1.2 | X | X | X | X |
| JSR-343: Java Message Service API 2.0 | X | -- | X | -- |
| JSR-907: Java Transaction API 1.2 | X | X | X | X |
| JSR-919: JavaMail 1.5 | X | -- | X | X |
| JSR-339:Java API for RESTFul Web Services 2.0 | X | X | X | X |
| JSR-109: Implementing Enterprise Web Services 1.3 | X | -- | X | -- |
| JSR-224: Java API for XML-Based Web Services 2.2 | X | X | X | X |
| JSR-181: Web Services Metadata for the Java Platform | X | -- | X | -- |
| JSR-101:Java API for XML-Based RPC 1.1 | Optional | -- | -- | -- |
| JSR-67: Java APIs for XML Messaging 1.3 | X | -- | X | -- |
| JSR-93: Java API for XML Registries | Optional | -- | -- | -- |
| JSR-196: Java Authentication Service Provider Interface for Containers 1.1 | X | -- | X | -- |
| JSR-115: Java Authorization Contract for Containers 1.5 | X | -- | X | -- |
| JSR-88: Java EE Application Deployment 1.2 | Optional | -- | -- | -- |
| JSR-77: J2EE Management 1.1 | X | | X | |
| JSR-45: Debugging Support for Other Languages 1.0 | X | X | X | X |

**Tabela 2-1** Tabela de comparativo da APIs do JEE7 e das implementações do JBoss WildFly

Instalação e Configuração dos Ambientes de Desenvolvimento **49**

A versão do JBoss WildFly utilizada por este livro é a 9.0.1, que é uma versão mais recente, enquanto esse livro estava sendo escrito. Ela pode ser baixada no site `http://wildfly.org`.

Além do JBoss, existem outros servidores de aplicação disponíveis gratuitamente. Entre esses, o GlassFish é o que mais se destaca por também implementar as especificações do Java EE 7. O GlassFish pode ser baixado no seguinte endereço: `http://glassfish.java.net`.

A Figura 2-13 mostra o site onde o WildFly é disponibilizado. Nesse site você também deve encontrar informações sobre como administrar esse servidor de aplicação, exemplo de códigos, guias para desenvolvedores e um fórum para você postar suas dúvidas. O interessante ao utilizar o fórum desse site é que a própria equipe de engenheiros da JBoss responde às perguntas feitas pelos diversos desenvolvedores espalhados pelo mundo, que utilizam os produtos dessa empresa.

Outro fator determinante para utilizarmos o WildFly nesse livro é que atualmente ele é o servidor de aplicação mais utilizado do mundo e muitas empresas brasileiras desenvolvem seus produtos nesse servidor.

**Figura 2-13** Página do JBoss WildFly

Após realizar o download do arquivo disponibilizado no site do WildFly, basta descompactá-lo no diretório programas, como mostrado na Figura 2-14.

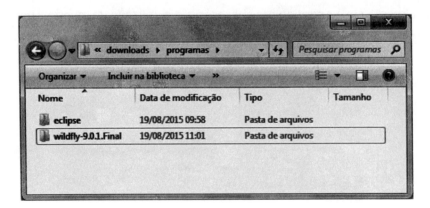

**Figura 2-14** Diretório de arquivos descompactados

# JBOSS TOOLS

O JBoss Tools é um conjunto de plugins para o Eclipse. Eles são desenvolvidos, disponibilizados e mantidos pela empresa JBoss. Você pode instalar todos os plugins de uma só vez como pode instalar apenas algum em específico.

Quando instalados no Eclipse, os plugins disponibilizam ferramentas que facilitam bastante o desenvolvimento de aplicações comerciais. Em destaque podemos citar ferramentas para a criação de WebServices, EJBs, JPA etc. O nosso interesse ao instalar o JBoss Tools é utilizar suas ferramentas para criação de projetos web e também projetos RESTFul.

Para baixar o JBoss Tools basta acessar a página `http://tools.jboss.org`. Entre na sessão de downloads e com o Eclipse aberto arraste o ícone de instalação disponível no site para dentro da parte inferior do Eclipse, como mostrado na Figura 2-15.

**52** Java RESTful na prática com JAX-RS

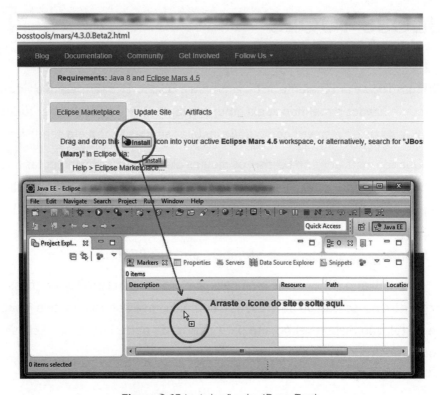

**Figura 2-15** Instalação do JBoss Tools

Ao arrastar o ícone de instalação para dentro do Eclipse, uma tela é apresentada contendo todos os plugins fornecidos pelo JBossTools. Nesta tela iremos marcar todos os plugins e na sequência clicar no botão Next, como mostrado na Figura 2-16.

Instalação e Configuração dos Ambientes de Desenvolvimento   **53**

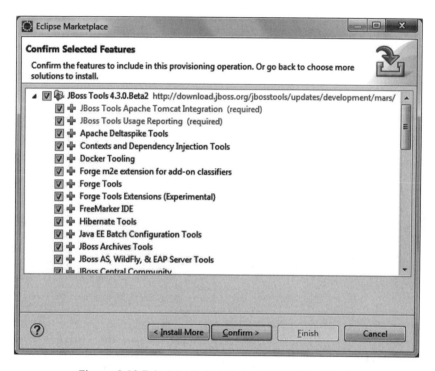

**Figura 2-16** Tela inicial de Instalação do JBoss Tools

Em seguida, espere o Eclipse carregar as informações, aceite os termos exigidos e, por final, aguarde a instalação ser concluída. Ao terminar, reinicie o seu Eclipse para ver as novas ferramentas instaladas.

• • • • • • • • • • • • • • • • • • • • • • • • •

## CONFIGURANDO O WILDFLY NO ECLIPSE

Agora que temos todas as ferramentas que precisamos, iremos colocar o JBoss WildFly para funcionar dentro no Eclipse. Para isto, é necessário primeiro acessar a paleta Servers do Eclipse e clicar no link "Create a new server", como mostrado na imagem 2-16.

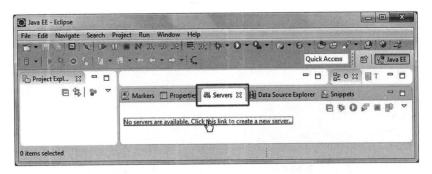

**Figura 2-16** Configurando o servidor dentro do Eclipse

Na tela seguinte, selecione a versão do servidor de aplicação. Em nosso caso, usaremos a versão WildFly 9. Em seguida, clique no botão Next e informe no campo Home Directory o local onde foi descompactado o JBoss WildFly, como mostrado na Figura 2-17. Finalize clicando no botão Finish.

Instalação e Configuração dos Ambientes de Desenvolvimento  **55**

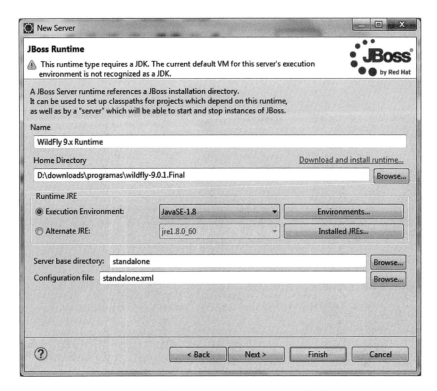

**Figura 2-17** Informando a pasta do WildFly

Iremos agora, colocar o nosso servidor para rodar pela primeira vez? Perceba que na aba `Servers` apareceu a opção `WildFly 9.x`. Selecione essa opção e clique no botão à direita `Start the server`, como mostrado na Figura 2-17.

56  Java RESTful na prática com JAX-RS

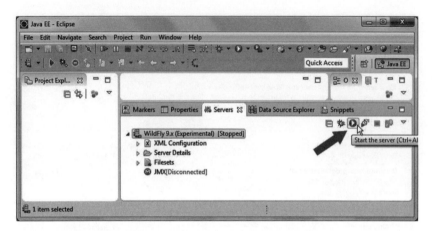

**Figura 2-17** Inicializando o servidor

Repare na tela de console que o servidor WildFly 9 inicializa em questão segundos, diferente de outros servidores que demoram mais de 2 minutos para serem inicializados.

Para testar o servidor e verificar se ele inicializou corretamente, digite o seguinte endereço na barra do navegador: http://localhost:8080. Por fim, admire a agradável tela inicial do WildFly, mostrada na Figura 2-18.

Instalação e Configuração dos Ambientes de Desenvolvimento  **57**

**Figura 2-18** Tela inicial do JBoss WildFly

●●●●●●●●●●●●●●●●●●●●●●●●●●

# ADVANCED REST CLIENT

O Advanced Rest Client é um programa que apóia os desenvolvedores de sistema a criar e testar solicitações HTTP. Esse programa funciona dentro do navegador Google Chrome e é instalado por meio da Chrome Web Store.

58  Java RESTful na prática com JAX-RS

**Figura 2-19** Instalação do Advanced Rest Client

Após ser instalado, o Advanced Rest Client aparece na sua relação de aplicados do navegador Google Chrome, como mostrador na Figura 2-20.

**Figura 2-20** Relação de aplicativos do Chrome

Para testar o Advanced Rest Client, basta informar um endereço qualquer e clicar no botão "Send". Feito isso, a informação de resposta da solicitação aparecerá na parte de baixo do aplicativo, contendo todas os detalhes da transação.

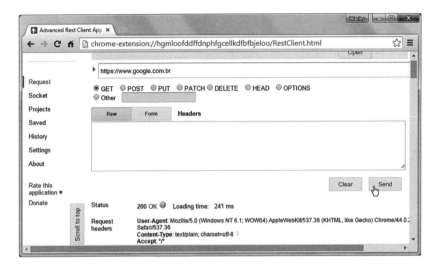

**Figura 2-21** Teste do aplicativo Advanced Rest Client

# CONCLUSÃO

Nesse capítulo você aprendeu a montar um ambiente completo para o desenvolvimento de aplicações na plataforma Java. Você aprendeu também a importância das variáveis de ambiente e também como instalar e configurar o servidor de aplicação JBoss WildFly dentro do Eclipse.

60 Java RESTful na prática com JAX-RS

No próximo capítulo iremos apresentar os conceitos e a importância da utilização do JAXB no desenvolvimento de sistemas. Além disso, começaremos a implementar nossos primeiros programas utilizados nessa importante tecnologia.

# CAPÍTULO 3

| | |
|---|---|
| INTRODUÇÃO | 65 |
| ANOTAÇÕES DO JAXB | 66 |
| @XmlRootElement | 68 |
| @XmlAccessorType | 69 |
| Colocando em prática I | 71 |
| @XmlType | 78 |
| @XmlTransient | 79 |
| @XmlAttribute | 80 |
| @XmlElement | 81 |
| Relacionamentos entre objetos | 82 |
| Colocando em prática II | 83 |
| Listas de objetos | 92 |
| Colocando em prática III | 93 |
| @XmlJavaTypeAdapter | 100 |
| Colocando em prática IV | 102 |
| @XmlEnum e @XmlEnumValue | 106 |

| | |
|---|---|
| Colocando em prática V | 107 |
| Anotações de pacotes | 119 |
| XML Schema | 124 |
| Colocando em prática VI | 125 |
| Unmarshall | 130 |
| **JACKSON** | 133 |
| Colocando em prática VII | 137 |
| Gerando arquivos .json | 144 |
| **CONCLUSÃO** | 146 |

# 3
CAPÍTULO

## JAXB - JAVA ARCHITECTURE FOR XML BINDIGN

# INTRODUÇÃO

O Java Architecture for XML Binding, ou simplesmente JAXB, é uma API existente na plataforma Java que possibilita transformar, de forma fácil, objetos Java em estruturas XML, e o inverso, estruturas XML em objetos Java. Ainda permite que as informações contidas em uma estrutura XML possam popularizar objetos Java, além de fazer o contrário, converter as informações armazenadas em classes de objetos em saídas e arquivos de dados no formato XML.

Quando se trabalha com a API JAX-RS é importante também conhecer a API JAXB, pois as anotações existentes no JAXB são utilizadas pelo JAX--RS para transformar as respostas dos serviços em estruturas no formato XML e no formato JSON.

No JAXB a conversão de um objeto Java em uma saída XML é chamada de `Marshall`, enquanto que a transformação de XML para um objeto Java é chamada de `Unmarshall`. Além desse recurso de transformações de formatos, essa API também possui outras interessantes funcionalidades, mas para o contexto deste livro iremos focar somente no necessário para trabalhar com serviços RESTful. Um tutorial completo dessa API, que é relativamente pequena, pode ser encontrado no seguinte endereço:

```
https://jaxb.java.net/tutorial
```

Na próxima seção, iremos estudar as anotações existentes no JAXB e, na sequência, você implementará alguns importantes exemplos para compreender o motivo da utilização do JAXB e possa ver na prática como é simples criar estruturas XML e JSON com essa API. Tenho certeza que ao longo do capítulo você se surpreenderá com a importância, facilidade e simplicidade da utilização do JAXB.

●●●●●●●●●●●●●●●●●●●●●●●●●

# ANOTAÇÕES DO JAXB

Para efeito de criação de serviços REST, as anotações do JAXB são aplicadas, na maioria dos casos, em classes de entidades (entity). As entidades são classes nas quais as informações ou lista de informações são armazenadas, mas comumente, representam o mapeamento das tabelas do banco de dados, tal como a classe Cliente.java mostrada na Listagem 3-1.

| Listagem 3-1 | Cliente.java |
| --- | --- |

```
1.    public class Cliente {
2.
3.        private int id;
4.        private String cpf;
5.        private String nome;
6.        private String sobrenome;
```

JAXB - Java Architecture for XML Bindign **67**

```java
7.      private String status;
8.
9.      public Cliente() {
10.       super();
11.     }
12.
13.     public Cliente(int id, String cpf, String nome, String sobrenome,
        String status) {
14.       super();
15.       this.id = id;
16.       this.cpf = cpf;
17.       this.nome = nome;
18.       this.sobrenome = sobrenome;
19.       this.status = status;
20.     }
21.
22.     public int getId() {
23.       return id;
24.     }
25.     public void setId(int id) {
26.       this.id = id;
27.     }
28.     public String getCpf() {
29.       return cpf;
30.     }
31.     public void setCpf(String cpf) {
32.       this.cpf = cpf;
33.     }
34.     public String getNome() {
35.       return nome;
36.     }
37.     public void setNome(String nome) {
38.       this.nome = nome;
39.     }
```

**68** Java RESTful na prática com JAX-RS

```
40.     public String getSobrenome() {
41.       return sobrenome;
42.     }
43.     public void setSobrenome(String sobrenome) {
44.       this.sobrenome = sobrenome;
45.     }
46.     public String getStatus() {
47.       return status;
48.     }
49.     public void setStatus(String status) {
50.       this.status = status;
51.     }
52.   }
```

# @XmlRootElement

Esta é a primeira anotação que deve ser adicionada a uma classe de entidade. Ela é sempre definida na declaração da classe e é responsável por representar o elemento raiz de uma determinada estrutura. O fragmento de código a seguir mostra na prática como essa anotação é adicionada à classe, mostrada na Listagem 3-1.

```
@XmlRootElement(name = "cliente")
public class Cliente {
    ...
}
```

Repare que o nome do elemento raiz da estrutura é definido pelo atributo name da anotação. Esse nome não precisa necessariamente possuir alguma relação com os nomes das classes, mas precisa representar uma informação que as aplicações clientes irão compreender. Caso o atributo name não seja teclado, o valor utilizado será o nome da classe.

A mensagem seguinte representa a conversão da classe `Cliente` em uma estrutura no formato XML que foi gerada automaticamente pelo JAXB. Observe como o elemento raiz é representado na estrutura.

```xml
<?xml version="1.0" encoding="-UTF8" standalone="yes"?>
<cliente>
    <id>123456</id>
    <cpf>123.456.789-10</cpf>
    <nome>Carlos</nome>
    <sobrenome>Costa da Silva</sobrenome>
    <status>Ativo</status>
</cliente>
```

## @XmlAccessorType

Esta anotação é responsável por definir como os atributos e métodos da classe serão representados na conversão do objeto para XML ou JSON. Por padrão, somente atributos e métodos públicos são representados nas mensagens, seguindo a mesma regra de visibilidade e acessibilidade de atributos e métodos existentes em uma classe Java. O fragmento de código a seguir mostra como essa anotação é utilizada.

```java
@XmlRootElement(name = "cliente")
@XmlAccessorType(value = XmlAccessType.FIELD)
public class Cliente {
    ...
}
```

O atributo `value` da anotação define quais elementos do objeto serão convertidos. Os possíveis valores desse atributo são: FIELD, PROPERTY, PUBLIC _ MEMBER ou NONE. Por padrão, o valor utilizado é FIELD, e ele define que todos os atributos públicos existentes na classe serão exibidos no corpo da mensagem de resposta.

O valor PROPERTY define que somente os métodos de acesso (get) serão utilizados. Caso você precise que um elemento da mensagem seja formado por mais de um atributo da classe, então você pode criar um método com os atributos concatenados, por exemplo, para exibir o nome e sobrenome utiliza-se a concatenação de dois atributos da classe. O fragmento de código abaixo mostra na prática como o valor PROPERTY é utilizado:

```java
@XmlRootElement(name = "cliente")
@XmlAccessorType(value = XmlAccessType.PROPERTY)
public class Cliente {

    // atributos da classe

    //Método com as informações do nome concatenadas
    public String getNome() {
        return nome + " " +sobrenome;
    }
}
```

Objeto convertido:

```xml
<?xml version="1.0" encoding="-UTF8" standalone="yes"?>
<cliente>
  <cpf>123.456.789-10</cpf>
  <id>123456</id>
  <nome>Carlos Costa da Silva</nome>
  <status>Ativo</status>
</cliente>
```

# Colocando em prática I

Para facilitar o entendimento do conteúdo apresentado até aqui é importante que você veja na prática como é criar uma estrutura XML a partir de uma classe Java. O processo de converter uma classe Java em uma estrutura XML é chamado Marshal, já o processo inverso, da conversão de uma estrutura XML em uma classe Java é chamado de Unmarshal.

Para realizar as operações de Marshal e Unmarshal é necessário a utilização da classe JAXBContext. Essa classe é responsável por realizar todo o trabalho pesado de conversão utilizando poucas linhas de código. Contudo, para que seja identificado o que será convertido, é necessário que a entidade contenha as anotações do JAXB. O fragmento de código a seguir mostra como a classe JAXBContext é utilizada:

```
JAXBContext jaxbContext = JAXBContext.newInstance( Cliente.class );
```

Após a definição de qual classe será convertida, o próximo passo é definir o tipo de operação, se será uma operação de Marshal:

```
Marshaller jaxbMarshaller= jaxbContext.createMarshaller();
```

Ou se será uma operação de Unmarshal:

```
UnmarshallerjaxbUnmarshaller = jaxbContext.createUnmarshaller();
```

Focando neste primeiro momento, somente na operação do tipo Marshal, a ordem de figuras e passos a seguir mostra a implementação completa da conversão da classe Cliente em uma estrutura XML. As figuras (Figura 3.1 a Figura 3.4) mostram o passo a passo da criação do projeto Java e os códigos-fontes mostram a implementação necessária para a realização do processo de conversão.

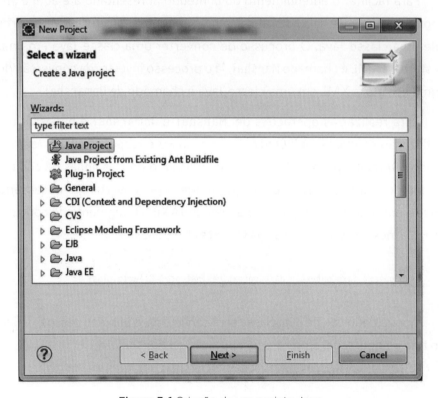

**Figura 3-1** Criação de um projeto Java

JAXB - Java Architecture for XML Bindign **73**

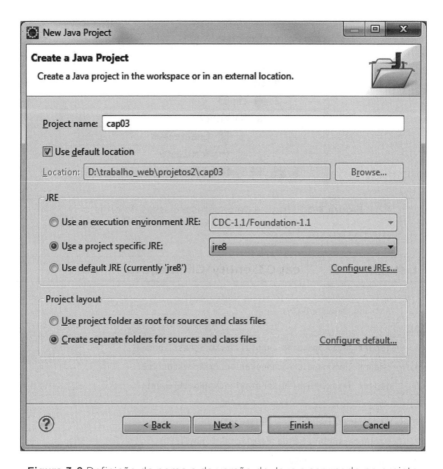

**Figura 3-2** Definição do nome e da versão do Java a ser usado no projeto

**74** Java RESTful na prática com JAX-RS

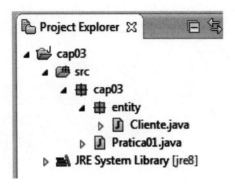

**Figura 3-3** Estrutura de pacotes e classes do projeto

| Listagem 3-2 | cap03\entity\Cliente.java |

```
1.   package cap03.entity;
2.
3.   import javax.xml.bind.annotation.XmlAccessType;
4.   import javax.xml.bind.annotation.XmlAccessorType;
5.   import javax.xml.bind.annotation.XmlRootElement;
6.
7.   @XmlRootElement(name = "cliente")
8.   @XmlAccessorType(value = XmlAccessType.FIELD)
9.   public class Cliente {
10.
11.      private int id;
12.      private String cpf;
13.      private String nome;
14.      private String sobrenome;
15.      private String status;
16.
17.      public Cliente() {
18.         super();
19.      }
```

JAXB - Java Architecture for XML Bindign **75**

```
20.
21.    public Cliente(int id, String cpf, String nome,
22.           String sobrenome, String status) {
23.      super();
24.      this.id = id;
25.      this.cpf = cpf;
26.      this.nome = nome;
27.      this.sobrenome = sobrenome;
28.      this.status = status;
29.    }
30.
31.    public int getId() {
32.      return id;
33.    }
34.    public void setId(int id) {
35.      this.id = id;
36.    }
37.    public String getCpf() {
38.      return cpf;
39.    }
40.    public void setCpf(String cpf) {
41.      this.cpf = cpf;
42.    }
43.    public String getNome() {
44.      return nome + " " +sobrenome;
45.    }
46.    public void setNome(String nome) {
47.      this.nome = nome;
48.    }
49.    public void setSobrenome(String sobrenome) {
50.      this.sobrenome = sobrenome;
51.    }
52.    public String getStatus() {
53.      return status;
```

**76** Java RESTful na prática com JAX-RS

```
54.      }
55.      public void setStatus(String status) {
56.          this.status = status;
57.      }
58.  }
```

| Listagem 3-3 | cap03\Pratica01.java |
| --- | --- |

```
1.   package cap03;
2.
3.   import javax.xml.bind.JAXBContext;
4.   import javax.xml.bind.JAXBException;
5.   import javax.xml.bind.Marshaller;
6.   import cap03.entity.Cliente;
7.
8.   public class Pratica01 {
9.
10.    public static void main(String[] args) {
11.
12.        Cliente cliente = new Cliente(123456,"123.456.789-10",
13.              "Carlos", "Costa da Silva", "Ativo");
14.
15.        try {
16.            JAXBContext jaxbContext = JAXBContext.newInstance( Cliente
                   .class );
17.            Marshaller jaxbMarshaller = jaxbContext.createMarshaller();
18.
19.            jaxbMarshaller.marshal( cliente, System.out );
20.
21.        }catch(JAXBException e){
22.            e.printStackTrace();
23.        }
```

```
24.     }
25.   }
```

Após a implementação dos códigos apresentados nas Listagens 3-2 e 3-3 e a execução do programa principal por meio do arquivo `Pratica01.java`, o seguinte resultado é apresentado no console do Eclipse:

```
<?xml version="1.0" encoding="-UTF8" standalone="yes"?><cliente>
<cpf>123.456.789-10</cpf>
<id>123456</id><nome>Carlos Costa da Silva</nome>
<status>Ativo</status></cliente>
```

Uma opção interessante existente na classe `Marshaller` é a capacidade de formatar a resposta gerada em uma estrutura XML, para torná-la mais amigável e de fácil entendimento. O fragmento de código seguinte mostra em destaque o que precisa ser adicionado à classe `Pratica01.java`:

```
JAXBContext jaxbContext = JAXBContext.newInstance( Cliente.class );
Marshaller jaxbMarshaller = jaxbContext.createMarshaller();

jaxbMarshaller.setProperty(Marshaller.JAXB_FORMATTED_OUTPUT, Boolean.TRUE);
jaxbMarshaller.marshal( cliente, System.out);
```

Após adicionar a linha de código em destaque no programa principal, a resposta gerada é a estruturada no formato mostrado na Figura 3-4.

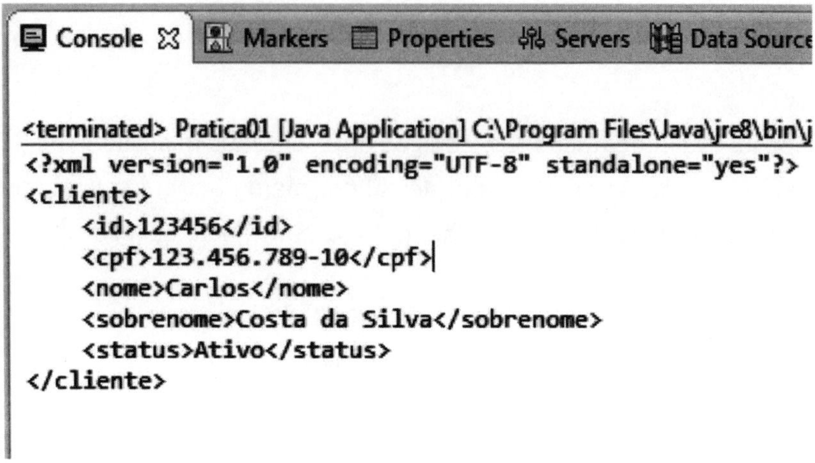

Java RESTful na prática com JAX-RS

```
Console ☒    Markers    Properties    Servers    Data Source

<terminated> Pratica01 [Java Application] C:\Program Files\Java\jre8\bin\j
<?xml version="1.0" encoding="UTF-8" standalone="yes"?>
<cliente>
    <id>123456</id>
    <cpf>123.456.789-10</cpf>
    <nome>Carlos</nome>
    <sobrenome>Costa da Silva</sobrenome>
    <status>Ativo</status>
</cliente>
```

**Figura 3-4** Resultado do programa no formato XML

# @XmlType

Como você pode ter percebido ao analisar a resposta gerada pelo sistema implementado anteriormente, o corpo do arquivo XML é criado seguindo a ordem dos atributos definidos na classe de entidade `Cliente.java`. Mas caso seja necessário, essa sequência pode ser alterada utilizando a anotação `@XmlType` na declaração da classe, como mostrado a seguir:

```
@XmlRootElement(name = "cliente")
@XmlType(propOrder = { "id", "nome", "sobrenome",
@XmlAccessorType(XmlAccessType.FIELD)
public class Cliente {
    ...
}
```

Após a definição da ordem do corpo da mensagem de resposta, a saída do programa exibido da seguinte forma:

```xml
<?xml version="1.0" encoding="UTF-8" standalone="yes"?>
<cliente>
   <id>123456</id>
   <nome>Carlos</nome>
   <sobrenome>Costa da Silva</sobrenome>
   <cpf>123.456.789-10</cpf>
   <status>Ativo</status>
</cliente>
```

# @XmlTransient

Em um serviço muitas informações podem ser disponibilizadas. No entanto, nem todas as informações podem ser disponibilizadas, por se tratarem de informações pessoais ou sigilosas, por exemplo, o salário dos empregados de uma empresa, ou os dados dos cartões de crédito dos clientes cadastrados no sistema.

A anotação @XmlTransient trata exatamente de ocultar informações que não são necessárias ou que são inconvenientes em um serviço, e por isso não podem ser disponibilizadas. Para utilizar essa anotação, adicione na definição do atributo ou método desejado. O fragmento de código a seguir mostra a utilização dessa anotação em detalhes:

# 80 Java RESTful na prática com JAX-RS

```java
public class Cliente {

    private int id;
    private String cpf;
    private String nome;
    private String sobrenome;
    private String status;

    @XmlTransient
    private double salario;

}
```

# @XmlAttribute

Caso seja necessário adicionar um atributo de identificação para cada estrutura da mensagem do serviço, você precisa definir uma propriedade da classe que armazenará um valor único e na sequência adicionar a anotação @XmlAttribute em sua definição. Essa anotação pode ser utilizada tanto em atributos quanto em métodos existentes na classe de entidade. O fragmento de código seguinte mostra em detalhes como essa anotação é utilizada:

```java
@XmlAttribute(name = "id")
private int id;
```

Após adicionar a anotação @XmlAttribute, o atributo id é retirado do corpo da estrutura cliente e é adicionado em sua definição. Veja a seguir a mensagem de resposta gerada pelo programa:

```
<?xml version="1.0" encoding="UTF-8" standalone="yes"?>
<cliente id="123456">
  <nome>Carlos</nome>
  <sobrenome>Costa da Silva</sobrenome>
  <cpf>123.456.789-10</cpf>
  <status>Ativo</status>
</cliente>
```

# @XmlElement

Esta anotação é bastante utilizada quando você precisa definir um nome diferente para os atributos da mensagem do serviço em relação aos atributos da classe de entidade. Essa anotação também pode ser utilizada tanto em atributos quanto nos métodos da classe. O código a seguir mostra em detalhes a utilização da anotação @XmlElement:

```
@XmlElement(name="admissao")
private Date dtAdmissao;


@XmlElement(name="matricula")
public String getMatricula(){
    String matricula = this.cpf.replaceAll("[.]", "");
    return matricula;
}
```

Após a execução do sistema, a seguinte mensagem é mostrada para o usuário:

**82** Java RESTful na prática com JAX-RS

```xml
<?xml version="1.0" encoding="UTF-8" standalone="yes"?>
<cliente id="123456">
  <nome>Carlos</nome>
  <sobrenome>Costa da Silva</sobrenome>
  <cpf>123.456.789  -10</cpf>
  <status>Ativo</status>
  <matricula>123456789-10</matricula>
  <admissao>2015-07-18T11:29:35.301-03:00</admissao>
</cliente>
```

# Relacionamentos entre objetos

Em um projeto real muitas classes se relacionam. Dessa forma, ao mostrar o conteúdo de uma classe em um determinado serviço, muitas vezes é necessário mostrar o relacionamento das classes com o intuito de complementar as informações da mensagem disponibilizada.

Focando nessa situação, iremos supor que na classe `Cliente`, mostrada na Listagem 3-1, seja necessário adicionar uma associação com a classe Endereco. Para expor as informações do endereço como parte das informações do cliente, basta adicionar na classe `Cliente` um atributo do tipo `Endereco`, que automaticamente o conteúdo do objeto `Endereco` será exibido no corpo da mensagem. Lembrando que na classe `Endereco,` também precisam ser adicionadas todas as anotações JABX vistas até aqui, para que o conteúdo do objeto possa ser convertido em uma estrutura XML.

```java
public class Cliente {
    ...
    private Endereco endereco;
    ...
}
```

# Colocando em prática II

Trabalhar com associação entre classes é muito importante e na prática ao implementar uma aplicação real você confrontará com essa situação a todo o momento. Para melhorar o entendimento, iremos "colocar a mão na massa" e implementar um exemplo com todo o conteúdo visto até aqui.

Neste próximo exemplo, além de mostrar a resposta do programa no console do Eclipse, iremos adicionar uma importante funcionalidade existente no JAXB que é capacidade de gerar a resposta diretamente em um arquivo XML.

Outro ponto muito importante é a configuração do programa para suportar a utilização de caracteres especiais. O fragmento de código seguinte mostra em detalhes essa configuração e mostra também como um arquivo é gerado com o conteúdo da mensagem de resposta:

```
//Permite a utilização de caracteres especiais
jaxbMarshaller.setProperty(Marshaller.JAXB_ENCODING, "iso-8859-1");

//Gera um arquivo como o conteúdo da mensagem
File file = new File("C:\\Temp\\cliente.xml");
jaxbMarshaller.marshal(cliente, file);
```

A Figura 3-5 mostra a estrutura do projeto dentro do Eclipse. As listagens mostram o código necessário para a implementação do exemplo.

**84** Java RESTful na prática com JAX-RS

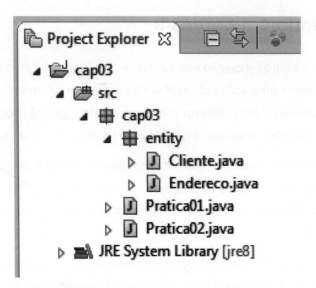

**Figura 3-5** Estrutura de pacotes e classes do projeto

| Listagem 3-4 | cap03\entity\Endereco.java |
|---|---|

```
1.   package cap03.entity;
2.
3.   import javax.xml.bind.annotation.XmlAccessType;
4.   import javax.xml.bind.annotation.XmlAccessorType;
5.   import javax.xml.bind.annotation.XmlRootElement;
6.   import javax.xml.bind.annotation.XmlType;
7.
8.   @XmlRootElement
9.   @XmlAccessorType(value = XmlAccessType.FIELD)
10.  @XmlType(propOrder = {"rua", "numero", "bairro", "cidade",
     "estado", "cep"})
11.  public class Endereco {
12.
13.      private String rua;
```

```java
14.    private int numero;
15.      private String bairro;
16.      private String cidade;
17.      private String estado;
18.      private String cep;
19.
20.      public Endereco(){
21.        super();
22.      }
23.
24.      public Endereco(String rua, int numero, String bairro, String cidade,
25.            String estado, String cep) {
26.        super();
27.        this.rua = rua;
28.        this.numero = numero;
29.        this.bairro = bairro;
30.        this.cidade = cidade;
31.        this.estado = estado;
32.        this.cep = cep;
33.      }
34.
35.      public String getRua() {
36.        return rua;
37.      }
38.      public void setRua(String rua) {
39.        this.rua = rua;
40.      }
41.      public int getNumero() {
42.        return numero;
43.      }
44.      public void setNumero(int numero) {
45.        this.numero = numero;
46.      }
47.      public String getBairro() {
```

**86** Java RESTful na prática com JAX-RS

```java
48.        return bairro;
49.    }
50.    public void setBairro(String bairro) {
51.        this.bairro = bairro;
52.    }
53.    public String getCidade() {
54.        return cidade;
55.    }
56.    public void setCidade(String cidade) {
57.        this.cidade = cidade;
58.    }
59.    public String getEstado() {
60.        return estado;
61. }
62.    public void setEstado(String estado) {
63.        this.estado = estado;
64.    }
65.    public String getCep() {
66.        return cep;
67.    }
68.    public void setCep(String cep) {
69.        this.cep = cep;
70.    }
71. }
```

| Listagem 3-5 | cap03\entity\Cliente.java |
|---|---|

```java
1.    package cap03.entity;
2.
3.    import java.util.Date;
4.    import javax.xml.bind.annotation.XmlAccessType;
5.    import javax.xml.bind.annotation.XmlAccessorType;
```

JAXB - Java Architecture for XML Bindign **87**

```java
6.   import javax.xml.bind.annotation.XmlAttribute;
7.   import javax.xml.bind.annotation.XmlElement;
8.   import javax.xml.bind.annotation.XmlRootElement;
9.   import javax.xml.bind.annotation.XmlTransient;
10.  import javax.xml.bind.annotation.XmlType;
11.
12.  @XmlRootElement(name = "cliente")
13.  @XmlAccessorType(value = XmlAccessType.FIELD)
14.  @XmlType(propOrder = { "id", "nome", "sobrenome", "cpf", "status",
15.               "matricula", "dtAdmissao", "endereco"})
16.  public class Cliente {
17.
18.      @XmlAttribute(name = "id")
19.      private int id;
20.
21.      private String cpf;
22.      private String nome;
23.      private String sobrenome;
24.      private String status;
25.
26.      private Endereco endereco;
27.
28.      @XmlElement(name="admissao")
29.      private Date dtAdmissao;
30.
31.      @XmlTransient
32.      private double salario;
33.
34.      public Cliente() {
35.          super();
36.      }
37.
38.      public Cliente(int id, String cpf, String nome, String sobrenome,
39.              String status, double salario, Date dt Admissao) {
```

```java
40.         super();
41.         this.id = id;
42.         this.cpf = cpf;
43.         this.nome = nome;
44.         this.sobrenome = sobrenome;
45.         this.status = status;
46.         this.salario = salario;
47.         this.dtAdmissao = dtAdmissao;
48.     }
49.
50.     @XmlElement(name="matricula")
51.     public String getMatricula(){
52.         String matricula = this.cpf.replaceAll("[.]", "");
53.         return matricula;
54.     }
55.     public int getId() {
56.         return id;
57.     }
58.     public void setId(int id) {
59.         this.id = id;
60.     }
61.     public String getCpf() {
62.         return cpf;
63.     }
64.     public void setCpf(String cpf) {
65.         this.cpf = cpf;
66.     }
67.     public String getNome() {
68.         return nome;
69.     }
70.     public void setNome(String nome) {
71.         this.nome = nome;
72.     }
73.     public String getSobrenome() {
```

```
74.        return sobrenome;
75.    }
76.    public void setSobrenome(String sobrenome) {
77.        this.sobrenome = sobrenome;
78.    }
79.    public String getStatus() {
80.        return status;
81.    }
82.    public void setStatus(String status) {
83.        this.status = status;
84.    }
85.    public Date getDtAdmissao() {
86.        return dtAdmissao;
87.    }
88.    public void setDtAdmissao(Date dt Admissao) {
89.        this.dtAdmissao = dt Admissao;
90.    }
91.    public double getSalario() {
92.        return salario;
93.    }
94.    public void setSalario(double salario) {
95.        this.salario = salario;
96.    }
97.    public Endereco getEndereco() {
98.        return endereco;
99.    }
100.    public void setEndereco(Endereco endereco) {
101.        this.endereco = endereco;
102.    }
103. }
```

**90** Java RESTful na prática com JAX-RS

| Listagem 3-6 | cap03\Pratica02.java |
| --- | --- |

```
1.    package cap03;
2.
3.    import java.io.File;
4.    import java.util.Date;
5.    import javax.xml.bind.JAXBContext;
6.    import javax.xml.bind.JAXBException;
7.    import javax.xml.bind.Marshaller;
8.    import cap03.entity.Cliente;
9.    import cap03.entity.Endereco;
10.
11.   public class Pratica02 {
12.
13.     public static void main(String[] args) {
14.
15.       Endereco endereco = new Endereco();
16.       endereco.setRua("Rua Antônio Gonçalves");
17.       endereco.setNumero(100);
18.       endereco.setBairro("Centro");
19.       endereco.setCidade("Vila Velha");
20.       endereco.setEstado("ES");
21.       endereco.setCep("29123-456");
22.
23.       Cliente cliente = new Cliente();
24.       cliente.setId(123456);
25.       cliente.setCpf("123.456.789-10");
26.       cliente.setNome("Carlos");
27.       cliente.setSobrenome("Costa da Silva");
28.       cliente.setStatus("Ativo");
```

JAXB - Java Architecture for XML Bindign **91**

```java
29.          cliente.setSalario(3500.00);
30.          cliente.setDtAdmissao(new Date());
31.
32.          //Adiciona o endereço ao objeto cliente
33.          cliente.setEndereco(endereco);
34.
35.          try {
36.              JAXBContext jaxbContext = JAXBContext.newInstance
37.              (Cliente.class);
38.              Marshaller jaxbMarshaller = jaxbContext.createMarshaller();
39.
40.              //Permite a utilização de caracteres especiais
41.              jaxbMarshaller.setProperty(Marshaller.JAXB_ENCODING,
42.              "iso-8859-1");
43.
44.              //Exibe a mensagem no console
45.              jaxbMarshaller.setProperty(Marshaller.JAXB_FORMATTED_OUTPUT,
46.                  Boolean.TRUE);
47.              jaxbMarshaller.marshal(cliente, System.out);
48.
49.              //Gera um arquivo como o conteúdo da mensagem
50.              File file = new File("C:\\Temp\\cliente.xml");
51.              jaxbMarshaller.marshal(cliente, file);
52.
53.          }catch(JAXBException e){
54.              e.printStackTrace();
55.          }
56.      }
57.  }
```

# 92 Java RESTful na prática com JAX-RS

```xml
<?xml version="1.0" encoding="iso-8859-1" standalone="yes"?>
<cliente id="123456">
    <nome>Carlos</nome>
    <sobrenome>Costa da Silva</sobrenome>
    <cpf>123.456.789-10</cpf>
    <status>Ativo</status>
    <matricula>123456789-10</matricula>
    <admissao>2015-07-20T17:01:35.316-03:00</admissao>
    <endereco>
        <rua>Rua Antônio Gonçalves</rua>
        <numero>100</numero>
        <bairro>Centro</bairro>
        <cidade>Vila Velha</cidade>
        <estado>ES</estado>
        <cep>29123-456</cep>
    </endereco>
</cliente>
```

**Figura 3-6** XML gerado pelo programa

# Listas de objetos

Como falado anteriormente, em um projeto real muitas classes se relacionam. O tipo de relacionamento abundante é o de um-para-muitos, que na prática é representado por uma lista de objetos dentro de um outro objeto.

Em projetos reais, é bastante comum a existência de telas de consultas e relatórios que realizam inúmeras consultas ao banco de dados. Os resultados obtidos das consultas são geralmente armazenados em listas de objetos.

Para trabalhar com listas de objetos é necessário criar uma classe contendo uma lista de objetos desejados. Essa classe é conhecida como empacotadora (wrapper) e além do atributo de lista de objetos, ela inclusive, pode possuir quaisquer outros atributos. Lembrando que essa classe precisa possuir as anotações do JAXB para conseguir converter a resposta do sistema em uma estrutura XML. O fragmento de código a seguir mostra em destaque uma classe empacotadora contendo uma lista de objetos do tipo Cliente:

```
@XmlRootElement(name = "clientes")
@XmlAccessorType(value = XmlAccessType.FIELD)
public class Clientes {

    @XmlElement(name = "cliente")
    private List<Cliente> listaClientes;

    ...
}
```

●●●●●●●●●●●●●●●●●●●●●●●●●

## Colocando em prática III

Para complementar o entendimento sobre esse importante assunto, que é a utilização de listas de objetos, nesta seção você implementará um pequeno exemplo que gera uma saída contendo uma lista de clientes.

Neste próximo exemplo, utilizaremos os códigos mostrados na Listagem 3-4 e Listagem 3-5. Para que não haja uma duplicidade, não iremos repeti--los aqui. A Figura 3-7 mostra a estrutura do projeto dentro do Eclipse, a Listagem 3-7 mostra a implementação da classe empacotadora, enquanto que a Listagem 3-8 mostra a implementação do programa principal.

94  Java RESTful na prática com JAX-RS

**Figura 3-7** Estrutura de pacotes e classes do projeto

| Listagem 3-7 | cap03\entity\Clientes.java |
| --- | --- |

```
1.    package cap03.entity;
2.
3.    import java.util.List;
4.    import javax.xml.bind.annotation.XmlAccessType;
5.    import javax.xml.bind.annotation.XmlAccessorType;
6.    import javax.xml.bind.annotation.XmlElement;
7.    import javax.xml.bind.annotation.XmlRootElement;
8.
9.    @XmlRootElement(name = "clientes")
10.   @XmlAccessorType(value = XmlAccessType.FIELD)
11.   public class Clientes {
12.
13.       @XmlElement(name = "cliente")
```

JAXB - Java Architecture for XML Bindign **95**

```java
14.      private List<Cliente> listaClientes;
15.
16.      public Clientes() {
17.         super();
18.      }
19.      public Clientes(List<Cliente> listaClientes) {
20.         super();
21.         this.listaClientes = listaClientes;
22.      }
23.      public List<Cliente> getListaClientes() {
24.         return listaClientes;
25.      }
26.      public void setListaClientes(List<Cliente> listaClientes) {
27.         this.listaClientes = listaClientes;
28.      }
29.  }
```

| Listagem 3-8 | cap03\Pratica03.java |
| --- | --- |

```java
1.   package cap03;
2.
3.   import java.io.File;
4.   import java.util.ArrayList;
5.   import java.util.Date;
6.   import java.util.List;
7.   import javax.xml.bind.JAXBContext;
8.   import javax.xml.bind.JAXBException;
9.   import javax.xml.bind.Marshaller;
10.  import cap03.entity.Cliente;
11.  import cap03.entity.Clientes;
12.  import cap03.entity.Endereco;
13.
```

# 96 Java RESTful na prática com JAX-RS

```java
14.    public class Pratica03 {
15.
16.      public static void main(String[] args) {
17.
18.          Clientes clientes = new Clientes(Pratica03.getClientes());
19.
20.          try {
21.          JAXBContext jaxbContext = JAXBContext.newInstance(Clientes.class);
22.          Marshaller jaxbMarshaller = jaxbContext.createMarshaller();
23.
24.          //Permite a utilização de caracteres especiais
25.          jaxbMarshaller.setProperty(Marshaller.JAXB_ENCODING,"iso-8859-1");
26.
27.          //Exibe a mensagem no console
28.          jaxbMarshaller.setProperty(Marshaller.JAXB_FORMATTED_OUTPUT,
29.              Boolean.TRUE);
30.          jaxbMarshaller.marshal(clientes, System.out);
31.
32.          //Gera um arquivo como o conteúdo da mensagem
33.          File file = new File("C:\\Temp\\clientes.xml");
34.          jaxbMarshaller.marshal(clientes, file);
35.
36.          }catch(JAXBException e){
37.              e.printStackTrace();
38.          }
39.      }
40.
41.      //Simula uma consulta no banco de dados
42.      private static List<Cliente> getClientes(){
43.
44.          List<Cliente> listaClientes = new ArrayList<Cliente>();
45.
46.          Endereco end1 = new Endereco();
47.          end1.setRua("Rua Antônio Gonçalves");
```

JAXB - Java Architecture for XML Bindign  **97**

```
48.          end1.setNumero(100);
49.          end1.setBairro("Centro");
50.          end1.setCidade("Vila Velha");
51.          end1.setEstado("ES");
52.          end1.setCep("29123-456");
53.
54.          Cliente c1 = new Cliente();
55.          c1.setId(123456);
56.          c1.setCpf("123.456.789-10");
57.          c1.setNome("Carlos");
58.          c1.setSobrenome("Costa da Silva");
59.          c1.setStatus("Ativo");
60.          c1.setSalario(3500.00);
61.          c1.setDtAdmissao(new Date());
62.          c1.setEndereco(end1);
63.          listaClientes.add(c1);
64.
65.          Endereco end2 = new Endereco();
66.          end2.setRua("Av. Nossa Senhora da Penha");
67.          end2.setNumero(250);
68.          end2.setBairro("Santa Lúcia");
69.          end2.setCidade("Vitória");
70.          end2.setEstado("ES");
71.          end2.setCep("29456-321");
72.
73.          Cliente c2 = new Cliente();
74.          c2.setId(789123);
75.          c2.setCpf("555.666.777-88");
76.          c2.setNome("Maria");
77.          c2.setSobrenome("Souza da Paixão");
78.          c2.setStatus("Ativo");
79.          c2.setSalario(2000.00);
80.          c2.setDtAdmissao(new Date());
81.          c2.setEndereco(end2);
```

**98** Java RESTful na prática com JAX-RS

```
82.        listaClientes.add(c2);
83.
84.        Endereco end3 = new Endereco();
85.        end3.setRua("Av. Rio Branco");
86.        end3.setNumero(520);
87.        end3.setBairro("Santa Lúcia");
88.        end3.setCidade("Vitória");
89.        end3.setEstado("ES");
90.        end3.setCep("29457-325");
91.
92.        Cliente c3 = new Cliente();
93.        c3.setId(789123);
94.        c3.setCpf("888.999.100-00");
95.        c3.setNome("Marcos Antônio");
96.        c3.setSobrenome("Ramos");
97.        c3.setStatus("Ativo");
98.        c3.setSalario(2500.00);
99.        c3.setDtAdmissao(new Date());
100.       c3.setEndereco(end3);
101.       listaClientes.add(c3);
102.
103.       return listaClientes;
104.   }
105. }
```

JAXB - Java Architecture for XML Bindign **99**

```xml
<?xml version="1.0" encoding="iso-8859-1" standalone="yes"?>
<clientes>
    <cliente id="123456">
        <nome>Carlos</nome>
        <sobrenome>Costa da Silva</sobrenome>
        <cpf>123.456.789-10</cpf>
        <status>Ativo</status>
        <matricula>123456789-10</matricula>
        <admissao>2015-07-22T13:34:58.850-03:00</admissao>
        <endereco>
            <rua>Rua Antônio Gonçalves</rua>
            <numero>100</numero>
            <bairro>Centro</bairro>
            <cidade>Vila Velha</cidade>
            <estado>ES</estado>
            <cep>29123-456</cep>
        </endereco>
    </cliente>
    <cliente id="789123">
        <nome>Maria</nome>
        <sobrenome>Souza da Paixão</sobrenome>
        <cpf>555.666.777-88</cpf>
        <status>Ativo</status>
        <matricula>555666777-88</matricula>
        <admissao>2015-07-22T13:34:58.850-03:00</admissao>
        <endereco>
            <rua>Av. Nossa Senhora da Penha</rua>
            <numero>250</numero>
            <bairro>Santa Lúcia</bairro>
            <cidade>Vitória</cidade>
            <estado>ES</estado>
            <cep>29456-321</cep>
        </endereco>
    </cliente>
    <cliente id="789123">
        <nome>Marcos Antônio</nome>
        <sobrenome>Ramos</sobrenome>
        <cpf>888.999.100-00</cpf>
        <status>Ativo</status>
        <matricula>888999100-00</matricula>
        <admissao>2015-07-22T13:34:58.850-03:00</admissao>
```

```
    <endereco>
        <rua>Av. Rio Branco</rua>
        <numero>520</numero>
        <bairro>Santa Lúcia</bairro>
        <cidade>Vitória</cidade>
        <estado>ES</estado>
        <cep>29457-325</cep>
    </endereco>
  </cliente>
</clientes>
```

**Figura 3-8** XML gerado pelo programa

# @XmlJavaTypeAdapter

Em algumas situações, o JAXB não consegue converter um objeto ou um valor de um atributo em um formato desejado ou até mesmo em um formato esperado, gerando uma mensagem de resposta incompreensiva para os usuários ou para os sistemas que utilizam a informação.

Para resolver esse problema, a anotação @XmlJavaTypeAdapter é utilizada para auxiliar no processo de conversão do tipo de dados. Um exemplo comum de conversão é identificado ao se trabalhar com datas. Imagine uma classe Pedido que possui um atributo data/ Pedido que é do tipo Date. Ao realizar uma conversão da informação contida no atributo data/Pedido a informação é apresenta para o usuário no seguinte formato:

```
<?xml version="1.0" encoding="UTF-8" standalone="yes"?>
<pedido>
  <dataPedido>2015-07-22T16:27:40.181-03:00</dataPedido>
</pedido>
```

Para realizar a formatação do valor do atributo data/Pedido é necessário criar uma classe auxiliar que estenda a classe XmlAdapter e que implemente os métodos de conversão. Essa classe auxiliar que é chamada de **Adapter** e geralmente segue o mesmo padrão para diferentes situações. O código a seguir mostra em detalhes como é a implementação dessa classe:

```java
public class DateAdapter extends XmlAdapter<String,Date>{

    private SimpleDateFormat dtFormat = new SimpleDateFormat("dd/MM/yyyy HH:mm:ss");

  @Override
  public Stringmarshal (Date data) throws Exception {
    return dtFormat.format(data);
  }

  @Override
  public Date unmarshal  (String data) throws Exception {
    return dtFormat.parse(data);
  }
}
```

Como você pode notar, obrigatoriamente dois métodos dessa classe precisam ser implementados:

- **marshal** - que será chamado quando ocorrer a conversão de um objeto para XML;
- **unmarshal** - que será chamado quando ocorrer o processo inverso, isto é, na conversão de XML para objeto.

Outro ponto importante está na declaração da classe, onde necessariamente precisam ser declarados os formatos nos quais os objetos serão convertidos. Em nosso exemplo estamos convertendo uma data para uma String, mas você pode utilizar qualquer tipo de classe, conforme a necessidade do seu sistema.

Java RESTful na prática com JAX-RS

Após a criação da classe **Adapter**, é necessário adicionar no atributo da classe de entidade a anotação **@XmlJavaTypeAdapter** e dentro dessa anotação informar qual **Adapter** será usado pelo sistema para realizar as conversões. O código a seguir mostra em destaque como essa anotação é utilizada.

```
@XmlRootElement
public class Pedido {

    @XmlJavaTypeAdapter(DateAdapter.class)
    private Date dataPedido;

    ...
}
```

Após a implementação de todos esses passos, a mensagem de saída do sistema é apresentada com a data em um formato entendível e mais amigável, como mostrado a seguir:

```
<?xml version="1.0" encoding="UTF-8" standalone="yes"?>
<pedido>
    <dataPedido>23/07/2015 09:40:28</dataPedido>
</pedido>
```

# Colocando em prática IV

Para melhorar o entendimento sobre a utilização da anotação @XmlJava-TypeAdapter e de classes de conversões, os códigos das listagens a seguir mostram a implementação completa do exemplo utilizado na explicação desse assunto.

JAXB - Java Architecture for XML Bindign  **103**

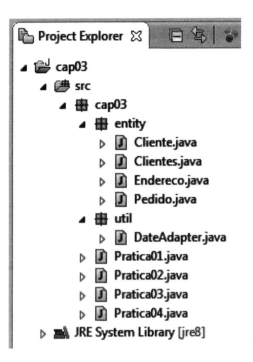

**Figura 3-9** Estrutura de pacotes e classes do projeto

| Listagem 3-9 | cap03\util\DateAdapter.java |

```
1.   package cap03.util;
2.
3.   import java.text.SimpleDateFormat;
4.   import java.util.Date;
5.   import javax.xml.bind.annotation.adapters.XmlAdapter;
6.
7.   public class DateAdapter extends XmlAdapter<String, Date>{
8.
9.       private SimpleDateFormat dtFormat = new SimpleDateFormat("dd/MM/yyyy
10.      HH:mm:ss");
```

**104** Java RESTful na prática com JAX-RS

```
11.
12.      @Override
13.      public String marshal(Date data) throws Exception {
14.          return dtFormat.format(data);
15.      }
16.
17.      @Override
18.      public Date unmarshal(String data) throws Exception {
19.          return dtFormat.parse(data);
20.      }
21. }
```

| Listagem 3-10 | cap03\entity\Pedido.java |
|---|---|

```
1.   package cap03.entity;
2.
3.   import java.util.Date;
4.   import javax.xml.bind.annotation.XmlAccessType;
5.   import javax.xml.bind.annotation.XmlAccessorType;
6.   import javax.xml.bind.annotation.XmlRootElement;
7.   import javax.xml.bind.annotation.adapters.XmlJavaTypeAdapter;
8.   import cap03.util.DateAdapter;
9.
10.  @XmlRootElement
11.  @XmlAccessorType(value = XmlAccessType.FIELD)
12.  public class Pedido {
13.
14.      @XmlJavaTypeAdapter(DateAdapter.class)
15.      private Date dataPedido;
16.      public Date getDataPedido() {
17.          return dataPedido;
```

JAXB - Java Architecture for XML Bindign **105**

```
18.    }
19.
20.    public void setDataPedido(Date dataPedido) {
21.        this.dataPedido = dataPedido;
22.    }
23. }
```

| Listagem 3-11 | cap03\Pratica04.java |
| --- | --- |

```
1.  package cap03;
2.
3.  import java.io.File;
4.  import java.util.Date;
5.  import javax.xml.bind.JAXBContext;
6.  import javax.xml.bind.JAXBException;
7.  import javax.xml.bind.Marshaller;
8.  import cap03.entity.Pedido;
9.
10. public class Pratica04 {
11.
12.     public static void main(String[] args) throws JAXBException {
13.
14.         Pedido p = new Pedido();
15.         p.setDataPedido(new Date());
16.
17.         JAXBContext jaxbContext = JAXBContext.newInstance(Pedido.class);
18.         Marshaller jaxbMarshaller = jaxbContext.createMarshaller();
19.
20.         //Exibe a mensagem no console
21.         jaxbMarshaller.setProperty(Marshaller.JAXB_FORMATTED_OUTPUT,
22.                 Boolean.TRUE);
23.         jaxbMarshaller.marshal(p, System.out);
```

```
24.
25.        //Gera um arquivo como o conteúdo da mensagem
26.        File file = new File("C:\\Temp\\pedido.xml");
27.        jaxbMarshaller.marshal(p, file);
28.   }
29.   }
```

# @XmlEnum e @XmlEnumValue

Além de conversões de objetos, o JAXB também é possível trabalhar com estruturas de dados enumeradas. Em projetos reais é muito frequente a utilização de Enums e, por esse motivo, você precisa conhecer como é realizado seu processo de mapeamento.

O processo de mapeamento de Enums é bem simples, basta adicionar a anotação @XmlEnum na declaração do Enum e adicionar a anotação @XmlEnumValue para cada valor da constante. O código seguinte mostra em destaque a utilização dessas anotações:

```
@XmlEnum
public enum Situacao {

    @XmlEnumValue("Ativo")
    A('A', "Ativo"),

    ...
}
```

## Colocando em prática V

Nessa seção, iremos implementar um exemplo completo utilizando os principais recursos vistos até aqui em um única aplicação. Para evitar repetição, alguns códigos não serão mostrados aqui, pois já foram mostrados nas listagens anteriores.

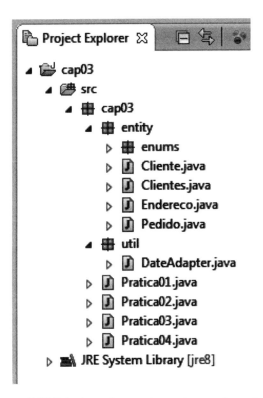

**Figura 3-10** Estrutura de pacotes e classes do projeto

**108** Java RESTful na prática com JAX-RS

| Listagem 3-12 | cap03\entity\enums\Situacao.java |
| --- | --- |

```java
1.  package cap03.entity.enums;
2.
3.  import javax.xml.bind.annotation.XmlEnum;
4.  import javax.xml.bind.annotation.XmlEnumValue;
5.
6.  @XmlEnum
7.  public enum Situacao {
8.
9.      @XmlEnumValue("Ativo")
10.     A('A', "Ativo"),
11.
12.     @XmlEnumValue("Encaminhado")
13.     E('E', "Encaminhado"),
14.
15.     @XmlEnumValue("Confirmado")
16.     C('C', "Confirmado"),
17.
18.     @XmlEnumValue("Confirmado")
19.     F('F', "Fechado");
20.
21.     private char id;
22.     private String descricao;
23.
24.     private Situacao(char id, String descricao){
25.         this.id = id;
26.         this.descricao = descricao;
27.     }
28.
29.     public char getId() {
30.         return id;
31.     }
```

JAXB - Java Architecture for XML Bindign **109**

```
32.
33.     public String getDescricao() {
34.         return this.descricao;
35.     }
36.
37.     @Override
38.     public String toString() {
39.         return this.descricao;
40.     }
41. }
```

| Listagem 3-13 | cap03\entity\Pedido.java |
| --- | --- |

```
1.   package cap03.entity;
2.
3.   import java.util.Date;
4.   import javax.xml.bind.annotation.XmlAccessType;
5.   import javax.xml.bind.annotation.XmlAccessorType;
6.   import javax.xml.bind.annotation.XmlAttribute;
7.   import javax.xml.bind.annotation.XmlRootElement;
8.   import javax.xml.bind.annotation.adapters.XmlJavaTypeAdapter;
9.   import cap03.entity.enums.Situacao;
10.  import cap03.util.DateAdapter;
11.
12.  @XmlRootElement
13.  @XmlAccessorType(value = XmlAccessType.FIELD)
14.  public class Pedido {
15.
16.      @XmlAttribute(name = "id")
17.      private long id;
18.
18.      @XmlJavaTypeAdapter(DateAdapter.class)
```

**110** Java RESTful na prática com JAX-RS

```
19.     private Date dataPedido;
20.
21.     private Cliente cliente;
22.     private Situacao situacao;
23.
24.     public Pedido(){
25.        super();
26.     }
27.
28.     public Pedido(long id, Date dataPedido, Cliente cliente,
29.        Situacao situacao) {
30.
31.        super();
32.        this.id = id;
33.        this.dataPedido = dataPedido;
34.        this.cliente = cliente;
35.        this.situacao = situacao;
36.     }
37.
38.     public long getId() {
39.        return id;
40.     }
41.     public void setId(long id) {
42.        this.id = id;
43.     }
44.     public Date getDataPedido() {
45.        return dataPedido;
46.     }
47.     public void setDataPedido(Date dataPedido) {
48.        this.dataPedido = dataPedido;
49.     }
50.     public Cliente getCliente() {
51.        return cliente;
52.     }
```

JAXB - Java Architecture for XML Bindign **III**

```java
53.      public void setCliente(Cliente cliente) {
54.          this.cliente = cliente;
55.      }
56.      public Situacao getSituacao() {
57.          return situacao;
58.      }
59.      public void setSituacao(Situacao situacao) {
60.          this.situacao = situacao;
61.      }
62.  }
```

| Listagem 3-14 | cap03\entity\Pedidos.java |
|---|---|

```java
1.    package cap03.entity;
2.
3.    import java.util.ArrayList;
4.    import java.util.List;
5.    import javax.xml.bind.annotation.XmlAccessType;
6.    import javax.xml.bind.annotation.XmlAccessorType;
7.    import javax.xml.bind.annotation.XmlElement;
8.    import javax.xml.bind.annotation.XmlRootElement;
9.
10.   @XmlRootElement(name = "pedidos")
11.   @XmlAccessorType(value = XmlAccessType.FIELD)
12.   public class Pedidos {
13.
14.      @XmlElement(name = "pedido")
15.      private List<Pedido> listaPedidos = new ArrayList<Pedido>();
16.
17.      public Pedidos(){
18.          super();
19.      }
```

# 112 Java RESTful na prática com JAX-RS

```java
20.
21.      public Pedidos(List<Pedido> listaPedidos) {
22.        super();
23.        this.listaPedidos = listaPedidos;
24.      }
25.
26.      public List<Pedido> getListaPedidos() {
27.        return listaPedidos;
28.      }
29.      public void setListaPedidos(List<Pedido> listaPedidos) {
30.        this.listaPedidos = listaPedidos;
31.      }
32.
33.      @XmlElement(name = "totalPedidos")
34.      public int getTotalItens() {
35.        return listaPedidos.size();
36.      }
37.    }
```

| Listagem 3-15 | cap03\Pratica04.java |
| --- | --- |

```java
1.     package cap03;
2.
3.     import java.io.File;
4.     import java.util.ArrayList;
5.     import java.util.Date;
6.     import java.util.List;
7.     import javax.xml.bind.JAXBContext;
8.     import javax.xml.bind.JAXBException;
9.     import javax.xml.bind.Marshaller;
10.    import cap03.entity.Cliente;
11.    import cap03.entity.Endereco;
```

## JAXB - Java Architecture for XML Bindign **113**

```java
12.    import cap03.entity.Pedido;
13.    import cap03.entity.Pedidos;
14.    import cap03.entity.enums.Situacao;
15.
16.    public class Pratica04 {
17.
18.        public static void main(String[] args) throws JAXBException {
19.
20.            Pedidos pedidos = new Pedidos(Pratica04.getPedidos());
21.
22.            JAXBContext jaxbContext = JAXBContext.newInstance(Pedidos.class);
23.            Marshaller jaxbMarshaller = jaxbContext.createMarshaller();
24.
25.            //Permite a utilização de caracteres especiais
26.            jaxbMarshaller.setProperty(Marshaller.JAXB_ENCODING,"iso-8859-1");
27.
28.            //Exibe a mensagem no console
29.            jaxbMarshaller.setProperty(Marshaller.JAXB_FORMATTED_OUTPUT,
30.                Boolean.TRUE);
31.            jaxbMarshaller.marshal(pedidos, System.out);
32.
33.            //Gera um arquivo com o conteúdo da mensagem
34.            File file = new File("C:\\Temp\\pedidos.xml");
35.            jaxbMarshaller.marshal(pedidos, file);
36.        }
37.
38.        //Simula uma consulta no banco de dados
39.        private static List<Pedido> getPedidos(){
40.            List<Pedido> listaPedidos = new ArrayList<Pedido>();
41.
42.            Endereco end1 = new Endereco();
43.            end1.setRua("Rua Antônio Gonçalves");
44.            end1.setNumero(100);
45.            end1.setBairro("Centro");
```

**114** Java RESTful na prática com JAX-RS

```
46.        end1.setCidade("Vila Velha");
47.        end1.setEstado("ES");
48.        end1.setCep("29123-456");
49.
50.        Cliente c1 = new Cliente();
51.        c1.setId(123456);
52.        c1.setCpf("123.456.789-10");
53.        c1.setNome("Carlos");
54.        c1.setSobrenome("Costa da Silva");
55.        c1.setStatus("Ativo");
56.        c1.setSalario(3500.00);
57.        c1.setDtAdmissao(new Date());
58.        c1.setEndereco(end1);
59.
60.        //Cria o pedido 1
61.        Pedido p1 = new Pedido(1001, new Date(), c1, Situacao.A);
62.        listaPedidos.add(p1);
63.
64.        Endereco end2 = new Endereco();
65.        end2.setRua("Av. Nossa Senhora da Penha");
66.        end2.setNumero(250);
67.        end2.setBairro("Santa Lúcia");
68.        end2.setCidade("Vitória");
69.        end2.setEstado("ES");
70.        end2.setCep("29456-321");
71.
72.        Cliente c2 = new Cliente();
73.        c2.setId(789123);
74.        c2.setCpf("555.666.777-88");
75.        c2.setNome("Maria");
76.        c2.setSobrenome("Souza da Paixão");
77.        c2.setStatus("Ativo");
78.        c2.setSalario(2000.00);
79.        c2.setDtAdmissao(new Date());
```

```
80.        c2.setEndereco(end2);
81.
82.        //Cria o pedido 2
83.        Pedido p2 = new Pedido(1002, new Date(), c2, Situacao.E);
84.        listaPedidos.add(p2);
85.
86.        Endereco end3 = new Endereco();
87.        end3.setRua("Av. Rio Branco");
88.        end3.setNumero(520);
89.        end3.setBairro("Santa Lúcia");
90.        end3.setCidade("Vitória");
91.        end3.setEstado("ES");
92.        end3.setCep("29457-325");
93.
94.        Cliente c3 = new Cliente();
95.        c3.setId(789123);
96.        c3.setCpf("888.999.100-00");
97.        c3.setNome("Marcos Antônio");
98.        c3.setSobrenome("Ramos");
99.        c3.setStatus("Ativo");
100.       c3.setSalario(2500.00);
101.       c3.setDtAdmissao(new Date());
102.       c3.setEndereco(end3);
103.
104.       //Cria o pedido 2
105.       Pedido p3 = new Pedido(1003, new Date(), c3, Situacao.C);
106.       listaPedidos.add(p3);
107.
108.       Endereco end4 = new Endereco();
109.       end4.setRua("Av. Leitão da Silva");
110.       end4.setNumero(120);
111.       end4.setBairro("Gurigica");
112.       end4.setCidade("Vitória");
113.       end4.setEstado("ES");
```

# 116 Java RESTful na prática com JAX-RS

```java
114.        end4.setCep("29999-777");
115.
116.        Cliente c4 = new Cliente();
117.        c4.setId(787773);
118.        c4.setCpf("222.333.444-55");
119.        c4.setNome("Mirela");
120.        c4.setSobrenome("Fernandes Nogueira");
121.        c4.setStatus("Ativo");
122.        c4.setSalario(5500.00);
123.        c4.setDtAdmissao(new Date());
124.        c4.setEndereco(end4);
125.
126.        Pedido p4 = new Pedido(1004, new Date(), c4, Situacao.F);
127.        listaPedidos.add(p4);
128.
129.        return listaPedidos;
130.    }
131. }
```

| Listagem 3-16 | C:\Temp\pedidos.xml |
|---|---|

```xml
1.   <?xml version="1.0" encoding="iso-8859-1" standalone="yes"?>
2.   <pedidos>
3.     <pedido id="1001">
4.        <dataPedido>23/07/2015 14:35:09</dataPedido>
5.        <cliente id="123456">
6.           <nome>Carlos</nome>
7.           <sobrenome>Costa da Silva</sobrenome>
8.           <cpf>123.456.789-10</cpf>
9.           <status>Ativo</status>
10.          <matricula>123456789-10</matricula>
11.          <admissao>23/07/2015 14:35:09</admissao>
```

```
12.            <endereco>
13.                <rua>Rua Antônio Gonçalves</rua>
14.                <numero>100</numero>
15.                <bairro>Centro</bairro>
16.                <cidade>Vila Velha</cidade>
17.                <estado>ES</estado>
18.                <cep>29123-456</cep>
19.            </endereco>
20.        </cliente>
21.        <situacao>Ativo</situacao>
22.    </pedido>
23.    <pedido id="1002">
24.        <dataPedido>23/07/2015 14:35:09</dataPedido>
25.        <cliente id="789123">
26.            <nome>Maria</nome>
27.            <sobrenome>Souza da Paixão</sobrenome>
28.            <cpf>555.666.777-88</cpf>
29.            <status>Ativo</status>
30.            <matricula>555666777-88</matricula>
31.            <admissao>23/07/2015 14:35:09</admissao>
32.            <endereco>
33.                <rua>Av. Nossa Senhora da Penha</rua>
34.                <numero>250</numero>
35.                <bairro>Santa Lúcia</bairro>
36.                <cidade>Vitória</cidade>
37.                <estado>ES</estado>
38.                <cep>29456-321</cep>
39.            </endereco>
40.        </cliente>
41.        <situacao>Encaminhado</situacao>
42.    </pedido>
43.    <pedido id="1003">
44.        <dataPedido>23/07/2015 14:35:09</dataPedido>
45.        <cliente id="789123">
```

# 118 Java RESTful na prática com JAX-RS

```
46.              <nome>Marcos Antônio</nome>
47.              <sobrenome>Ramos</sobrenome>
48.              <cpf>888.999.100-00</cpf>
49.              <status>Ativo</status>
50.              <matricula>888999100-00</matricula>
51.              <admissao>23/07/2015 14:35:09</admissao>
52.              <endereco>
53.                  <rua>Av. Rio Branco</rua>
54.                  <numero>520</numero>
55.                  <bairro>Santa Lúcia</bairro>
56.                  <cidade>Vitória</cidade>
57.                  <estado>ES</estado>
58.                  <cep>29457-325</cep>
59.              </endereco>
60.          </cliente>
61.          <situacao>Confirmado</situacao>
62.      </pedido>
63.      <pedido id="1004">
64.          <dataPedido>23/07/2015 14:35:09</dataPedido>
65.          <cliente id="787773">
66.              <nome>Mirela</nome>
67.              <sobrenome>Fernandes Nogueira</sobrenome>
68.              <cpf>222.333.444-55</cpf>
69.              <status>Ativo</status>
70.              <matricula>222333444-55</matricula>
71.              <admissao>23/07/2015 14:35:09</admissao>
72.              <endereco>
73.                  <rua>Av. Leitão da Silva</rua>
74.                  <numero>120</numero>
75.                  <bairro>Gurigica</bairro>
76.                  <cidade>Vitória</cidade>
77.                  <estado>ES</estado>
78.                  <cep>29999-777</cep>
79.              </endereco>
```

```
80.          </cliente>
81.              <situacao>Confirmado</situacao>
82.          </pedido>
83.          <totalPedidos>4</totalPedidos>
84.    </pedidos>
```

# Anotações de pacotes

Além das anotações existentes no JAXB destinadas às classes e estruturas de dados enumeradas, existem ainda as anotações destinadas ao pacote. Essas anotações são adicionadas exclusivamente no arquivo `package-info.java` e serão refletidas em todas as classes internas do pacote. No entanto, muitos programadores Java conhecem bem a linguagem, mas desconhecem a existência e importância desse arquivo.

O `package-info.java` é um arquivo Java que pode ser adicionado em qualquer pacote existente, em um projeto de código-fonte Java. Sua principal finalidade é fornecer um lugar comum para documentação e anotações que serão refletidas em todas as classes que o compõem. Lembrando que um pacote pode possuir apenas um arquivo `package-info.java`.

Para criar o arquivo `package-info.java` para um determinado pacote, basta selecionar o pacote desejado e clicar com o botão direito do mouse e selecionar a opção "Package", como mostrado na Figura 3-11.

120 Java RESTful na prática com JAX-RS

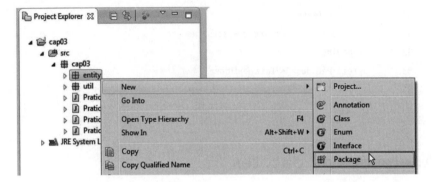

**Figura 3-11** Menu de criação do arquivo package-info.java

Na tela seguinte, "New Java Package", basta você selecionar a opção "Create package-info.java", conforme mostrado na Figura 3-12, e clicar no botão "Finish". Repare que não há uma opção para trocar o nome desse arquivo, pois esse nome é um padrão da linguagem Java.

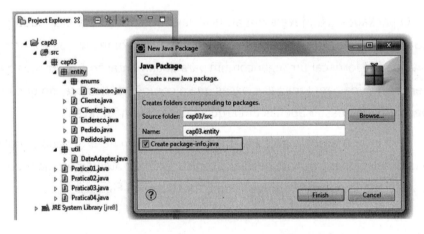

**Figura 3-12** Tela de criação do arquivo package-info.java

Na sequência, o arquivo é criado dentro do pacote com o seguinte conteúdo:

```
/**
 * @author warley.mendes
 *
 */
package cap0 3.entity;
```

No universo do JAXB, a principal utilização do arquivo `package-info.java` é para qualificar o XML gerado pela aplicação por meio da utilização de um `namespace`. Qualificar uma mensagem XML significa informar a origem da estrutura ou até mesmo a empresa ou pessoa responsável por manter a mensagem. Para definir um `namespace` a uma mensagem, basta utilizar a anotação `@XmlSchema` na declaração do pacote dentro do arquivo `package-info.java`. O código a seguir, mostra o conteúdo completo do arquivo `package-info.java` com uma definição de `namespace`:

```
@XmlSchema(
    elementFormDefault=XmlNsForm.QUALIFIED,
    namespace="http://www.cap03.com.br"
)
package cap0 3.entity;

import javax.xml.bind.annotation.XmlNsForm;
import javax.xml.bind.annotation.XmlSchema;
```

Após adicionar o código e executar o programa principal com o arquivo `Pratica02.java`, a seguinte mensagem é exibida no console do Eclipse:

```xml
<?xml version="1.0" encoding="is8859-1" standalone="yes"?>
<cliente id="123456" xmlns="http://www.cap03.com.br">
  <nome> Carlos</nome>
  <sobrenome>Costa da Silva</sobrenome>
  <cpf>123.456.789-10</cpf>
  <status>Ativo</status>
  <matricula>123456789-10</matricula>
  <admissao>24/07/2015 11:06:49</admissao>
  <endereco>
    <rua>Rua Antônio Gonçalves</rua>
    <numero>100</numero>
    <bairro>Centro</bairro>
    <cidade>Vila Velha</cidade>
    <estado>ES</estado>
    <cep>29123-456</cep>
  </endereco>
</cliente>
```

Além do namespace, também é possível adicionar um prefixo e definir uma URI para as mensagens do sistema, bastando para isso complementar as informações no arquivo package-info.java adicionando o código em destaque abaixo:

```java
@XmlSchema(
  elementFormDefault=XmlNsForm.QUALIFIED,
  namespace="http://www.cap03.com.br",
  xmlns ={@XmlNs(prefix="entity",
    namespaceURI="http://www.cap03.com.br/entity")}
)
package cap03.entity;

import javax.xml.bind.annotation.XmlNs;
import javax.xml.bind.annotation.XmlNsForm;
import javax.xml.bind.annotation.XmlSchema;
```

Após a adição do prefixo e da URI, a mensagem passa a ser gerada no seguinte formato:

## JAXB - Java Architecture for XML Bindign **123**

```xml
<?xml version="1.0" encoding="iso-8859-1" standalone="yes"?>
<ns2:cliente id="123456"
   xmlns:ns2="http://www.cap03.com.br"
   xmlns:entity="http://www.cap03.com.br/entity">

  <ns2:nome>Car   los</ns2:nome>
  <ns2:sobrenome>Costa da Silva</ns2:sobrenome>
  <ns2:cpf>123.456.789-10</ns2:cpf>
  <ns2:status>Ativo</ns2:status>
  <ns2:matricula>123456789-10</ns2:matricula>
  <ns2:admissao>24/07/2015 11:53:15</ns2:admissao>
  <ns2:endereco>
    <ns2:rua>Rua Antônio Gonçalves</ns2:rua>
    <ns2:numero>100</ns2:numero>
    <ns2:bairro>Centro</ns2:bairro>
    <ns2:cidade>Vila Velha</ns2:cidade>
    <ns2:estado>ES</ns2:estado>
    <ns2:cep>29123-456</ns2:cep>
  </ns2: endereco>
</ns2:cliente>
```

Caso seja necessário qualificar ainda mais uma mensagem, você pode definir um `namespace` para cada classe de entidade existente no pacote `entity` utilizando a anotação `@XmlRootElement`, como mostrado em destaque no código a seguir:

```java
@XmlRootElement(namespace="http://www.cap03.com.br/entity/cliente")
public class Cliente {
    ...
}
```

Como resultado a, mensagem é gerada no seguinte formato:

```
<?xml version="1.0" encoding="iso-8859-1" standalone="yes"?>
<ns3:cliente id="123456"
    xmlns:ns2="http://www.cap03.com.br"
    xmlns:entity="http://www.cap03.com.br/entity"
    xmlns:ns3="http://www.cap03.com.br/entity/cliente">

    <ns2:nome>Carlos</ns2:nome>
    <ns2:sobrenome>Costa da Silva</ns2:sobrenome>
    <ns2:cpf>123.456.789-10</ns2:cpf>
    <ns2:status>Ativo</ns2:status>
    <ns2:matricula>123456789-10</ns2:matricula>
    <ns2:admissao>24/07/2015 13:16:24</ns2:admissao>
    <ns2:endereco>
        <ns2:rua>Rua Antônio Gonçalves</ns2:rua>
        <ns2:numero>100</ns2:numero>
        <ns2:ba irro>Centro</ns2:bairro>
        <ns2:cidade>Vila Velha</ns2:cidade>
        <ns2:estado>ES</ns2:estado>
        <ns2:cep>29123-456</ns2:cep>
    </ns2:endereco>
</ns3:cliente>
```

## XML Schema

O XML Schema é um arquivo que define a estrutura de um documento XML, assim como descreve quais são os elementos existentes nessa estrutura, os atributos de cada elemento e os tipos de cada atributo.

A informação da estrutura da informação é muito importante para quem irá utilizar a mensagem. Com o JAXB é possível gerar um arquivo de XML Schema para cada classe de entidade contida no sistema. Para isso, você precisa seguir um padrão de implementação, ou seja, uma classe que entenda da classe `SchemaOutputResolver` e implemente o método `createOutput`.

Essa classe será utilizada para a geração dos esquemas de todas as classes existentes no projeto que possuem anotações JAXB.

A próxima seção mostra um exemplo completo de implementação de uma classe de geração de XML Schema. Neste exemplo o esquema do Endereco.java é mostrado no console do Eclipse como saída do sistema e um arquivo de nome endereco_schema.xsd é gerado na estrutura da aplicação com o mesmo conteúdo mostrado no console.

## Colocando em prática VI

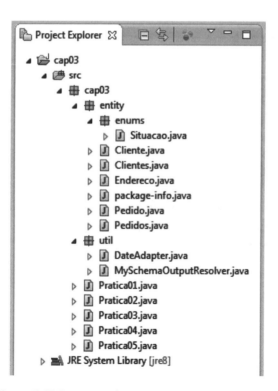

**Figura 3-13** Estrutura de pacotes e classes do projeto

## 126 Java RESTful na prática com JAX-RS

| Listagem 3-17 | cap03\util\MySchemaOutputResolver.java |
|---|---|

```java
1.   package cap03.util;
2.
3.   import java.io.IOException;
4.   import java.io.Writer;
5.   import javax.xml.bind.SchemaOutputResolver;
6.   import javax.xml.transform.Result;
7.   import javax.xml.transform.stream.StreamResult;
8.
9.   public class MySchemaOutputResolver extends SchemaOutputResolver{
10.
11.      private final Writer out;
12.
13.      public MySchemaOutputResolver(Writer out) {
14.         super();
15.         this.out = out;
16.      }
17.
18.      @Override
19.      public Result createOutput(String namespaceUri, String fileName)
20.         throws IOException {
21.
22.         final StreamResult result = new StreamResult(this.out);
23.         result.setSystemId("no-id");
24.         return result;
25.      }
26.   }
```

JAXB - Java Architecture for XML Bindign **127**

| Listagem 3-18 | cap03\Pratica05.java |
|---|---|

```
1.   package cap03;
2.
3.   import java.io.BufferedWriter;
4.   import java.io.File;
5.   import java.io.FileWriter;
6.   import java.io.StringWriter;
7.   import javax.xml.bind.JAXBContext;
8.   import javax.xml.bind.SchemaOutputResolver;
9.   import cap03.entity.Endereco;
10.  import cap03.util.MySchemaOutputResolver;
11.
12.  public class Pratica05 {
13.
14.      public static void main(String[] args) {
15.
16.          BufferedWriter output = null;
17.          StringWriter writer = new StringWriter();
18.
19.          try {
20.
21.              JAXBContext jaxbContext = JAXBContext.newInstance(Endereco.
                 class);
22.
23.              SchemaOutputResolver sor = new MySchemaOutputResolver(writer);
24.              jaxbContext.generateSchema(sor);
25.
26.              //Mostra o conteúdo do arquivo no console
27.              System.out.println(writer.toString());
28.
29.              //Cria um arquivo com o conteúdo gerado
30.              File file = new File("endereco_schema.xsd");
31.              output = new BufferedWriter(new FileWriter(file));
```

## 128 Java RESTful na prática com JAX-RS

```
32.            output.write(writer.toString());
33.            output.close();
34.
35.        }catch(Exception e){
36.            e.printStackTrace();
37.        }
38.    }
39. }
```

| Listagem 3-19 | cap03\endereco_schema.xsd |
|---|---|

```
1.    <?xml version="1.0" standalone="yes"?>
2.    <xs:schema elementFormDefault="qualified" version="1.0"
3.      targetNamespace="http://www.cap03.com.br"
4.      xmlns:tns="http://www.cap03.com.br"
5.      xmlns:xs="http://www.w3.org/2001/XMLSchema"
6.      xmlns:entity="http://www.cap03.com.br/entity">
7.
8.      <xs:element name="endereco" type="tns:endereco"/>
9.
10.     <xs:complexType name="endereco">
11.       <xs:sequence>
12.         <xs:element name="rua" type="xs:string" minOccurs="0"/>
13.         <xs:element name="numero" type="xs:int"/>
14.         <xs:element name="bairro" type="xs:string" minOccurs="0"/>
15.         <xs:element name="cidade" type="xs:string" minOccurs="0"/>
16.         <xs:element name="estado" type="xs:string" minOccurs="0"/>
17.         <xs:element name="cep" type="xs:string" minOccurs="0"/>
18.       </xs:sequence>
19.     </xs:complexType>
20.   </xs:schema>
```

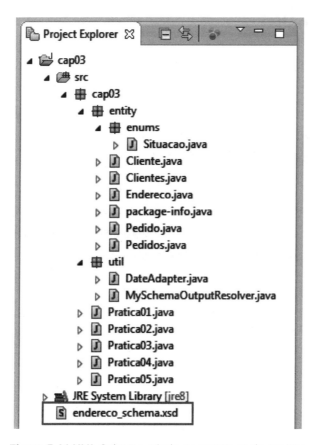

**Figura 3-14 XML** Schema criado na estrutura do projeto

Obs: Para que o arquivo possa aparecer na estrutura do Project Explorer é necessário atualizar o projeto (reflesh).

## Unmarshall

Até aqui, foi apresentado somente o processo de conversão de objetos Java para estrutura XML, conhecido como Marshall. No entanto, é muito importante que você conheça o processo inverso, pois quando se trabalha com mensagens geradas por outro sistema, a sua aplicação precisa receber a mensagem e transformá-la em objeto para, somente então, manipulá-la.

O processo de Unmarshall é muito simples. Basta a aplicação obter a mensagem no formato XML ou no formato JSON e utilizar o método unmarshal da classe Unmarshaller. O código a seguir, mostra em detalhes a implementação de uma classe de Unmarshaller:

```java
import java.io.File;
import javax.xml.bind.JAXBContext;
import javax.xml.bind.JAXBException;
import javax.xml.bind.Unmarshaller;
import cap03.entity.Cliente;

public class Pratica06 {

    public static void main(String[] args) {
        try {

            //Arquivo gerado pelo programa Pratica02.java
            File file = new File("C:\\Temp\\cliente.xml");
            JAXBContext jaxbContext = JAXBContext.newInstance(Cliente.class);

            Unmarshaller jaxbUnmarshaller = jaxbContext.createUnmarshaller();
            Cliente cliente = (Cliente)jaxbUnmarshaller.unmarshal(file);
            System.out.println(cliente.getNome() +" "+ cliente.getSobrenome());
```

JAXB - Java Architecture for XML Bindign **131**

```java
    } catch (JAXBException e) {
        e.printStackTrace();
    }
  }
}
```

Como você pode reparar ao analisar o exemplo anterior, o programa realiza a conversão de uma arquivo XML (`cliente.xml`) existente em uma pasta do computador. No entanto, em uma aplicação real, esse arquivo não existirá fisicamente no computador. O programa receberá a informação diretamente de outra aplicação no formato de uma String e realizará a conversão dos dados para objetos diretamente com as dados na memória.

A Listagem 3-20 mostra a implementação completa de um programa que simula essa situação. Inicialmente, o programa cria uma estrutura XML na memória do computador, em seguida, ele obtém a estrutura gerada e realiza o processo de Unmarshall.

| Listagem 3-20 | cap03\Pratica07.java |
|---|---|

```java
1.    package cap03;
2.
3.    import java.io.StringReader;
4.    import java.io.StringWriter;
5.    import java.util.Date;
6.    import javax.xml.bind.JAXBContext;
7.    import javax.xml.bind.JAXBException;
8.    import javax.xml.bind.Marshaller;
9.    import javax.xml.bind.Unmarshaller;
10.   import cap03.entity.Cliente;
11.
12.   public class Pratica07 {
```

**132** Java RESTful na prática com JAX-RS

```
13.
14.    public static void main(String[] args) {
15.
16.        Cliente cSaida   = Pratica07.getCliente();
17.        Cliente cEntrada = null;
18.        try {
19.
20.            JAXBContext jaxbContext = JAXBContext.newInstance(Cliente.
    class);
21.
22.            //Converte objeto em xml e coloca mensagem na memória
23.            Marshaller jaxbMarshaller = jaxbContext.createMarshaller();
24.            StringWriter sw = new StringWriter();
25.            jaxbMarshaller.marshal(cSaida, sw);
26.
27.            //Simula o recebimento da mensagem por outro sistema
28.            //no formato de uma String
29.            String mensagem = sw.toString();
30.
31.            //Obtém a mensagem e a transforma em objeto
32.            StringReader sr = new StringReader(mensagem);
33.            Unmarshaller jaxbUnmarshaller = jaxbContext.createUnmarshal-
    ler();
34.            cEntrada = (Cliente) jaxbUnmarshaller.unmarshal(sr);
35.            System.out.println(cEntrada.getNome()+"
36.            "+cEntrada.getSobrenome());
37.
38.        }catch(JAXBException e){
39.            e.printStackTrace();
40.    }
41.    }
42.
43.    public static Cliente getCliente(){
44.        Cliente cliente = new Cliente();
```

```
45.        cliente.setId(123456);
46.        cliente.setCpf("123.456.789-10");
47.        cliente.setNome("Carlos");
48.        cliente.setSobrenome("Costa da Silva");
49.        cliente.setStatus("Ativo");
50.        cliente.setSalario(3500.00);
51.        cliente.setDtAdmissao(new Date());
52.
53.        return cliente;
54.    }
55. }
```

• • • • • • • • • • • • • • • • • • • • • • • • •

# JACKSON

Ao longo deste capítulo nós trabalhamos bastante com arquivos no formato XML, mas como já mencionado, também é possível utilizar as anotações do JAXB para gerar arquivos no formato JSON. E é nesse ponto que precisaremos do apoio do framework Jackson.

O Jackson utiliza as anotações do JAXB para realizar o parser das informações do formato XML para JSON. Um ponto positivo está na simplicidade do uso, assim como o JAXB. Além disso, também é suportado pelo JBoss RESTEasy.

**134** Java RESTful na prática com JAX-RS

Para utilizar o Jackson, precisaremos das quatro bibliotecas seguintes:

- jackson-annotations-2.x.x.jar
- jackson-core-2.x.x.jar
- jackson-databind-2.x.x.jar
- jackson-module-jaxb-annotations-2.x.x.jar

Obs1: Os x.x representam as últimas versões das bibliotecas.

Obs2: As versões das bibliotecas precisam ser iguais, para não ocorrer problema de incompatibilidade, conforme mostrado na Figura 3-16.

Para realizar o download das bibliotecas, basta acessar o site do fornecedor, como informado na Figura 3-15 (http://wiki.fasterxml.com/JacksonDownload).

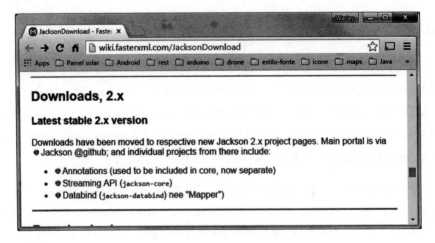

**Figura 3-15** Site que disponibiliza as bibliotecas do Jackson para downloads

Após baixar os arquivos, crie uma pasta de nome lib na estrutura do projeto e adicione todas as bibliotecas do Jacskon dentro dela, conforme mostrado na Figura 3-16.

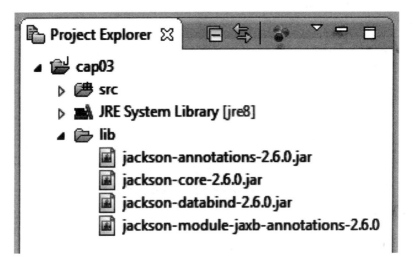

**Figura 3-16** Estrutura do projeto com as bibliotecas do Jackson

Por fim, para que o código do sistema possa identificar as bibliotecas é necessário adicioná-las ao Build Path. Para isso, basta clicar com o botão direito do mouse sobre o projeto e selecionar a opção "Build Path" e, em seguida, clicar na opção "Configure Build Path". Na tela de propriedades, selecione a guia "Libraries" e clique no botão "Add JARs...". Na tela seguinte localize e adicione as bibliotecas existentes na pasta "lib", como mostrado na Figura 3-17.

**136** Java RESTful na prática com JAX-RS

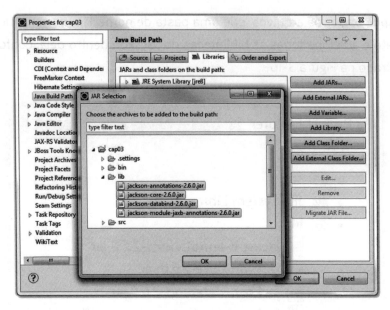

**Figura 3-17** Adicionando as bibliotecas do Jackson ao projeto

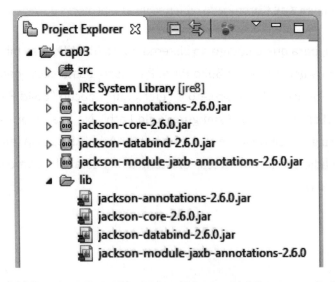

**Figura 3-18** Estrutura do projeto após adicionar as bibliotecas no Build Path

Agora que já temos as bibliotecas adicionadas ao projeto, iremos aprender a utilizá-las. Para isso, é importante saber que a principal classe existente no Jackson é a `ObjectMapper`. Essa classe é quem faz todo o trabalho pesado e disponibiliza dois métodos de conversão:

- `writeValueAsString` - que transforma um objeto Java em uma String JSON;
- `readValue` - que transforma uma String JSON em um objeto Java.

O fragmento do código a seguir, mostra basicamente como framework Jackson é utilizado:

```
//Cria uma instância da classe principal do Jackson
ObjectMapper mapper = new ObjectMapper();

//Realiza a conversão de objeto para json
String json = mapper.writeValueAsString(cliente);

//Realiza a conversão de json para objeto
Cliente cliente = mapper.readValue(json, Cliente.class);
```

## Colocando em prática VII

Para melhorar o entendimento sobre a utilização do framework Jackson, iremos implementar um programa que realiza a conversão de um objeto `cliente` para o formato JSON e em seguida faz o processo inverso.

Antes de implementar o programa mostrado da Listagem 3-22 adicione o atributo `matricula` na classe `Cliente`, bem como o método `setMatricula`.

**138** Java RESTful na prática com JAX-RS

Essa alteração é necessária, pois o Jackson utiliza os métodos de acesso (get e set) de cada atributo para realizar as conversões de formatos.

| Listagem 3-21 | cap03\entity\Cliente.java |
|---|---|

```
1.    package cap03.entity;
2.
3.    import java.util.Date;
4.    import javax.xml.bind.annotation.XmlAccessType;
5.    import javax.xml.bind.annotation.XmlAccessorType;
6.    import javax.xml.bind.annotation.XmlAttribute;
7.    import javax.xml.bind.annotation.XmlElement;
8.    import javax.xml.bind.annotation.XmlRootElement;
9.    import javax.xml.bind.annotation.XmlTransient;
10.   import javax.xml.bind.annotation.XmlType;
11.   import javax.xml.bind.annotation.adapters.XmlJavaTypeAdapter;
12.   import cap03.util.DateAdapter;
13.
14.   @XmlRootElement(name = "cliente",
15.           namespace="http://www.cap03.com.br/entity/cliente")
16.   @XmlAccessorType(value = XmlAccessType.FIELD)
17.   @XmlType(propOrder = { "id", "nome", "sobrenome", "cpf", "status",
18.           "matricula", "dtAdmissao", "endereco"})
19.   public class Cliente {
20.
21.       @XmlAttribute(name = "id")
22.       private int id;
23.
24.       private String cpf;
25.       private String nome;
26.       private String sobrenome;
27.       private String status;
28.       private String matricula;
```

JAXB - Java Architecture for XML Bindign **139**

```java
29.
30.        private Endereco endereco;
31.
32.        @XmlElement(name="admissao")
33.        @XmlJavaTypeAdapter(DateAdapter.class)
34.        private Date dtAdmissao;
35.
36.        @XmlTransient
37.        private double salario;
38.
39.        public Cliente() {
40.            super();
41.        }
42.
43.        public Cliente(int id, String cpf, String nome, String sobrenome,
44.                String status, double salario, Date dtAdmissao) {
45.            super();
46.            this.id = id;
47.            this.cpf = cpf;
48.            this.nome = nome;
49.            this.sobrenome = sobrenome;
50.            this.status = status;
51.            this.salario = salario;
52.            this.dtAdmissao = dtAdmissao;
53.        }
54.
55.        public String getMatricula() {
56.            this.matricula = this.cpf.replaceAll("[.]", "");
57.            return matricula;
58.        }
59.        public void setMatricula(String matricula) {
60.            this.matricula = matricula;
61.        }
62.        public int getId() {
```

**140** Java RESTful na prática com JAX-RS

```
63.         return id;
64.     }
65.     public void setId(int id) {
66.         this.id = id;
67.     }
68.     public String getCpf() {
69.         return cpf;
70.     }
71.     public void setCpf(String cpf) {
72.         this.cpf = cpf;
73.     }
74.     public String getNome() {
75.         return nome;
76.     }
77.     public void setNome(String nome) {
78.         this.nome = nome;
79.     }
80.     public String getSobrenome() {
81.         return sobrenome;
82.     }
83.     public void setSobrenome(String sobrenome) {
84.         this.sobrenome = sobrenome;
85.     }
86.     public String getStatus() {
87.         return status;
88.     }
89.     public void setStatus(String status) {
90.         this.status = status;
91.     }
92.     public Date getDtAdmissao() {
93.         return dtAdmissao;
94.     }
95.     public void setDtAdmissao(Date dtAdmissao) {
96.         this.dtAdmissao = dtAdmissao;
```

JAXB - Java Architecture for XML Bindign **141**

```
97.     }
98.     public double getSalario() {
99.         return salario;
100.    }
101.    public void setSalario(double salario) {
102.        this.salario = salario;
103.    }
104.    public Endereco getEndereco() {
105.        return endereco;
106.    }
107.    public void setEndereco(Endereco endereco) {
108.        this.endereco = endereco;
109.    }
110. }
```

| Listagem 3-22 | cap03\Pratica08.java |
| --- | --- |

```
1.   package cap03;
2.
3.   import java.io.IOException;
4.   import java.util.Date;
5.   import cap03.entity.Cliente;
6.   import cap03.entity.Endereco;
7.   import com.fasterxml.jackson.databind.AnnotationIntrospector;
8.   import com.fasterxml.jackson.databind.ObjectMapper;
9.   import com.fasterxml.jackson.databind.type.TypeFactory;
10.  import com.fasterxml.jackson.module.jaxb.JaxbAnnotationIntrospector;
11.
12.  public class Pratica08 {
13.
14.      public static void main(String[] args){
15.
```

**142** Java RESTful na prática com JAX-RS

```java
16.        Cliente cSaida   = Pratica08.getCliente();
17.        Cliente cEntrada = null;
18.
19.        //Classe utilizada pelo Jackson para identificar as anotações JAXB
20.        AnnotationIntrospector annotationIntrospector
21.        = new JaxbAnnotationIntrospector(TypeFactory.defaultInstance());
22.
23.        //Cria uma instância da classe principal do Jackson
24.        ObjectMapper mapper = new ObjectMapper();
25.        mapper.setAnnotationIntrospector(annotationIntrospector);
26.
27.        try {
28.            //Realiza a conversão de objeto para json
29.            String json = mapper.writeValueAsString(cSaida);
30.            System.out.println(json);
31.
32.            //Realiza a conversão de json para objeto
33.            cEntrada = mapper.readValue(json, Cliente.class);
34.            System.out.println(cEntrada.getNome() +" "+
35.            cEntrada.getSobrenome());
36.            System.out.println(cEntrada.getEndereco().getRua());
37.
38.        } catch (IOException e) {
39.            e.printStackTrace();
40.        }
41.    }
42.
43.    public static Cliente getCliente(){
44.        Endereco endereco = new Endereco();
45.        endereco.setRua("Rua Antônio Gonçalves");
46.        endereco.setNumero(100);
47.        endereco.setBairro("Centro");
48.        endereco.setCidade("Vila Velha");
49.        endereco.setEstado("ES");
```

JAXB - Java Architecture for XML Bindign **143**

```
50.          endereco.setCep("29123-456");
51.
52.          Cliente cliente = new Cliente();
53.          cliente.setId(123456);
54.          cliente.setCpf("123.456.789-10");
55.          cliente.setNome("Carlos");
56.          cliente.setSobrenome("Costa da Silva");
57.          cliente.setStatus("Ativo");
58.          cliente.setSalario(3500.00);
59.          cliente.setDtAdmissao(new Date());
60.          cliente.setEndereco(endereco);
61.
62.          return cliente;
63.      }
64.  }
```

Ao executar o programa, mostrado na listagem 3-22, o sistema apresenta a seguinte mensagem de saída:

```
{
    "id":123456,
    "nome":"Carlos",
    "sobrenome":"Costa da Silva",
    "cpf":"123.456.789 -10",
    "status":"Ativo",
    "matricula":"123456789    -10",
    "admissao":"27/07/2015 16:49:42",
    "endereco":{
        "rua":"Rua Antônio Gonçalves",
        "numero":100,
        "bairro":"Centro",
        "cidade":"Vila Velha",
        "estado":"ES",
        "cep":"29123 -456"
    }
}
```

**144** Java RESTful na prática com JAX-RS

# Gerando arquivos .json

O Jackson disponibiliza uma opção que possibilita criar estruturas JSON diretamente em arquivos físicos, essa funcionalidade é muito parecida com a existente no JAXB. Mas na prática, essa funcionalidade não é muito utilizada, pois é mais rápido trabalhar com as informações na memória do computador ou em um banco de dados. Além disso, a geração e manipulação de arquivos podem impactar a segurança da informação.

Apesar dos pontos negativos, é muito importante que você tenha conhecimento da existência dessa funcionalidade. A Listagem 3-23 mostra o código implementado anteriormente com as alterações necessárias para a geração do arquivo `cliente.json` contendo a mensagem de saída da aplicação.

| Listagem 3-23 | cap03\Pratica09.java |
|---|---|

```
1.    package cap03;
2.
3.    import java.io.File;
4.    import java.io.IOException;
5.    import java.util.Date;
6.    import cap03.entity.Cliente;
7.    import cap03.entity.Endereco;
8.    import com.fasterxml.jackson.databind.AnnotationIntrospector;
9.    import com.fasterxml.jackson.databind.ObjectMapper;
10.   import com.fasterxml.jackson.databind.type.TypeFactory;
11.   import com.fasterxml.jackson.module.jaxb.JaxbAnnotationIntrospector;
12.
13.   public class Pratica09 {
14.     public static void main(String[] args){
```

JAXB - Java Architecture for XML Bindign **145**

```java
15.
16.         File arquivoJSON = new File("c:\\Temp\\cliente.json");
17.         Cliente cSaida   = Pratica09.getCliente();
18.         Cliente cEntrada = null;
19.
20.         //Classe utilizada pelo Jackson para identificar as anotações JAXB
21.         AnnotationIntrospector annotationIntrospector
22.             = new JaxbAnnotationIntrospector(TypeFactory.defaultInstance());
23.
24.         //Cria uma instância da classe principal do Jackson
25.         ObjectMapper mapper = new ObjectMapper();
26.         mapper.setAnnotationIntrospector(annotationIntrospector);
27.
28.         try {
29.             //Realiza a conversão de objeto para json
30.             mapper.writeValue(arquivoJSON, cSaida);
31.
32.             //Realiza a conversão de json para objeto
33.             cEntrada = mapper.readValue(arquivoJSON, Cliente.class);
34.             System.out.println(cEntrada.getNome()+"
35.             "+cEntrada.getSobrenome());
36.             System.out.println(cEntrada.getEndereco().getRua());
37.         } catch (IOException e) {
38.             e.printStackTrace();
39.         }
40.     }
41.
42.     public static Cliente getCliente(){
43.         Endereco endereco = new Endereco();
44.         endereco.setRua("Rua Antônio Gonçalves");
45.         endereco.setNumero(100);
46.         endereco.setBairro("Centro");
47.         endereco.setCidade("Vila Velha");
48.         endereco.setEstado("ES");
```

```
49.        endereco.setCep("29123-456");
50.
51.        Cliente cliente = new Cliente();
52.        cliente.setId(123456);
53.        cliente.setCpf("123.456.789-10");
54.        cliente.setNome("Carlos");
55.        cliente.setSobrenome("Costa da Silva");
56.        cliente.setStatus("Ativo");
57.        cliente.setSalario(3500.00);
58.        cliente.setDtAdmissao(new Date());
59.        cliente.setEndereco(endereco);
60.
61.        return cliente;
62.    }
63.  }
```

● ● ● ● ● ● ● ● ● ● ● ● ● ● ● ● ● ● ● ● ● ●

# CONCLUSÃO

A API JAXB disponibiliza excelentes funcionalidades que podem ser utilizadas
para diversas situações recorrentes no dia a dia de um programador Java.
Os criadores da API do JAX-RS tiveram uma brilhante ideia em incorporar
os recursos do JAXB dentro dessa API, o que tornou a implementação de
serviços RESTful muito mais simples e direta. Por esse motivo, aprender

o conteúdo deste capítulo é obrigatório para quem quer desenvolver aplicações REST.

Somando forças ao JAXB, o Jackson realiza a conversão de objetos para JSON. Atualmente é um dos formatos mais utilizados quando se pensa em integração de sistemas e disponibilização de informações, o que reforça o motivo do seu aprendizado.

# CAPÍTULO 4

| | |
|---|---|
| INTRODUÇÃO | 153 |
| CRIANDO O PROJETO RESTFUL | 153 |
| ANOTAÇÕES DO JAX-RS | 162 |
| @Path | 163 |
| @Produces | 164 |
| @Consumes | 165 |
| @ApplicationPath | 165 |
| Colocando em prática VIII | 166 |
| @Path Expressions | 171 |
| @PathParam | 173 |
| @QueryParam | 174 |
| @MatrixParam | 176 |
| @FormParam | 178 |
| Colocando em prática IX | 180 |

## HTTP STATUS E TRATAMENTO DE ERROS — 195

## ARQUIVOS — 205

## SERVIÇOS JSON — 209

### Colocando em prática X — 212

## CONCLUSÃO — 225

# 4
## CAPÍTULO

# IMPLEMENTANDO SERVIÇOS RESTFUL

# INTRODUÇÃO

Finalmente, chegamos ao capítulo mais importante deste livro. Neste capítulo você aprenderá como construir serviços RESTful utilizando todo o conteúdo aprendido ao longo deste livro. E no decorrer desse capítulo, você perceberá que não há muitos mistérios e dificuldades na implementação aplicações RESTful, principalmente quando se utiliza as ferramentas corretas.

$$\bullet \bullet \bullet \bullet \bullet \bullet \bullet \bullet \bullet \bullet \bullet \bullet \bullet \bullet \bullet \bullet \bullet \bullet \bullet \bullet \bullet \bullet$$

# CRIANDO O PROJETO RESTFUL

Sem muita demora, iremos "colocar a mão na massa" e implementar alguns serviços RESTful utilizando a API JAX-RS. Ao longo da implementação dos serviços, alguns conceitos serão explicados para complementar o entendimento sobre o assunto. Mas antes de iniciarmos a implementação, iremos criar o projeto no Eclipse.

Como falado no capítulo 01, uma aplicação que utiliza o Java API for RESTful Web Services possui todas as características de uma aplicação web, mas com algumas características particulares. Por isso, para implementarmos serviços RESTful, precisamos criar um projeto web padrão. A sequência de imagens seguintes mostra o passo a passo para a criação do projeto:

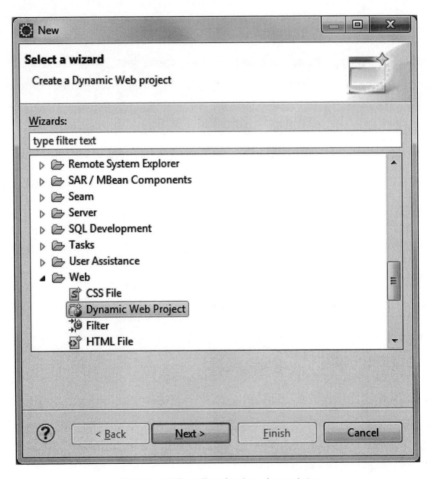

**Figura 4-1** Escolha do tipo de projeto

Implementando Serviços RESTful 155

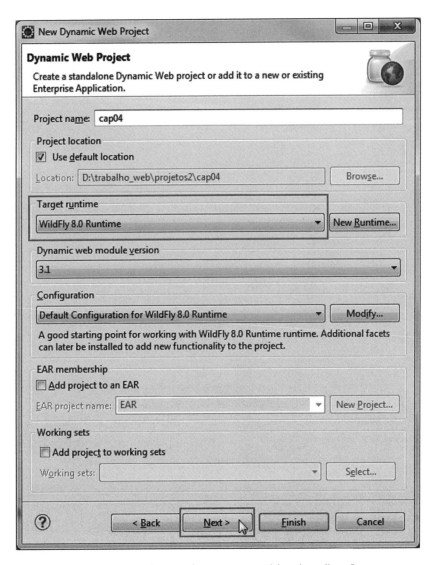

Figura 4-2 Definição do nome e servidor de aplicação

156  Java RESTful na prática com JAX-RS

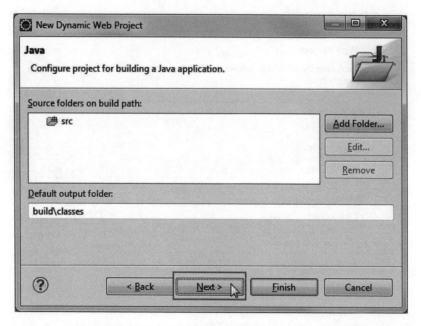

**Figura 4-3** Pastas padrões utilizadas pelo projeto

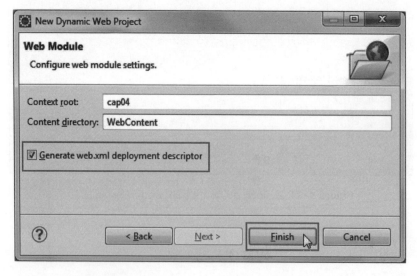

**Figura 4-4** Tela final de criação do projeto web

Implementando Serviços RESTful 157

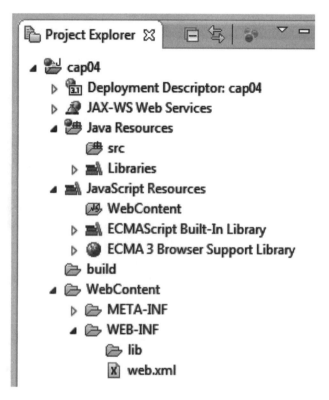

**Figura 4-5** Estrutura do projeto web após a criação

Após a criação do projeto, é necessário adicioná-lo ao servidor de aplicação web para que o programa possa ser executado. Como falado anteriormente, neste livro utilizaremos o servidor de aplicação JBoss WildFly, principalmente por já possuir internamente todas as bibliotecas necessárias para a criação de serviços RESTful e também por ser muito utilizado comercialmente.

A sequência de imagens a seguir mostra o passo a passo para adicionar o projeto ao servidor de aplicação.

158 Java RESTful na prática com JAX-RS

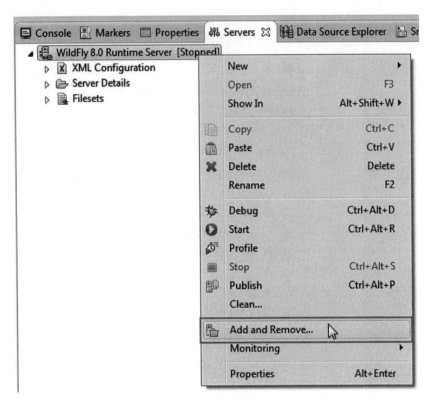

**Figura 4-6** Adicionando o projeto ao servidor de aplicação

Implementando Serviços RESTful **159**

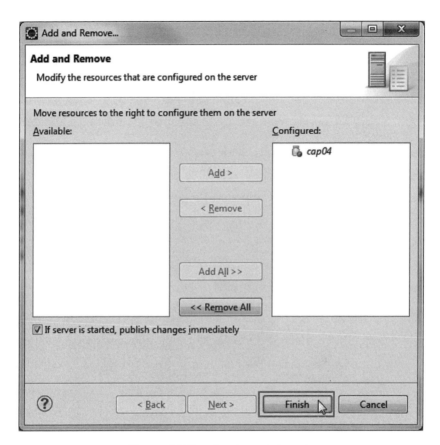

Figura 4-7 Escolha do projeto web

Figura 4-8 Projeto adicionado ao servidor e principais botões de controles

Agora que o projeto está criado e adicionado ao servidor de aplicação, iremos começar a construir serviços RESTful utilizando o framework RESTeasy, que é a implementação da API JAX-RS. Inicialmente, precisamos definir a estrutura dos pacotes da aplicação para que as classes do projeto possam ser organizadas conforme as suas responsabilidades e afinidades.

Basicamente, um projeto RESTful possui dois pacotes principais, que são: `services` e `model`. O pacote `services` armazena todas as classes de implementação dos serviços que serão expostos e consumidos por aplicações clientes. Enquanto que o pacote `model` é muito similar ao pacote `entity` utilizado no capítulo 03. Logo, ele deve armazenar as classes que conterão os dados que serão expostos nos serviços e também as estruturas de dados enumeradas (Enums).

A Figura 4-9 mostra a estrutura do inicial do projeto. Dentro do pacote `model` foi adicionado a classe `Endereco`, criada no capítulo 03 (Listagem 3-4), e também a classe `Enderecos`, cuja implementação é mostrada na Listagem 4-1.

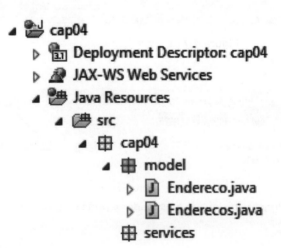

Implementando Serviços RESTful **161**

> **Libraries**
> **JavaScript Resources**
> **build**
▲ **WebContent**
    ▷ **META-INF**
    ▲ **WEB-INF**
       **lib**
       **[X] web.xml**

**Figura 4-9** Estrutura inicial do projeto

| **Listagem 4-1** | **cap04\model\Enderecos.java** |
| --- | --- |

```
1.    package cap04.model;
2.
3.    import java.util.List;
4.    import javax.xml.bind.annotation.XmlAccessType;
5.    import javax.xml.bind.annotation.XmlAccessorType;
6.    import javax.xml.bind.annotation.XmlElement;
7.    import javax.xml.bind.annotation.XmlRootElement;
8.
9.    @XmlRootElement(name = "enderecos")
10.   @XmlAccessorType(value = XmlAccessType.FIELD)
11.   public class Enderecos {
12.
13.       @XmlElement(name = "endereco")
14.       List<Endereco> listaEnderecos;
15.
16.       public Enderecos(){
17.           super();
18.       }
```

162  Java RESTful na prática com JAX-RS

```
19.
20.     public Enderecos(List<Endereco> listaEnderecos){
21.         super();
22.         this.listaEnderecos = listaEnderecos;
23.     }

24.     public List<Endereco> getListaEnderecos() {
25.         return listaEnderecos;
26.     }
27.
28.     public void setListaEnderecos(List<Endereco> listaEnderecos){
29.         this.listaEnderecos = listaEnderecos;
30.     }
31. }
```

As implementações das classes **Endereco** e **Enderecos** não possuem nenhuma novidade, apenas utilizamos as anotações do JAXB aprendidas no capítulo anterior. No entanto, elas possuem importantes finalidades, pois serão utilizadas pelas classes de serviços para armazenar os endereços que serão disponibilizados para as aplicações clientes.

● ● ● ● ● ● ● ● ● ● ● ● ● ● ● ● ● ● ● ● ● ● ●

# ANOTAÇÕES DO JAX-RS

As classes de serviços são implementadas seguindo um padrão de construção, no qual são utilizadas as anotações existente da API JAX-RS para facilitar a simplificação da codificação. Nas próximas seções, iremos estudar detalhadamente as principais anotações disponibilizadas pela API JAX-RS e, ao longo das explicações, iremos implementar alguns exemplos para colocar em prática e consolidar o aprendizado.

## @Path

Esta é a principal anotação existente na API JAX-RS. Ela é uma anotação obrigatória e determina se a classe será definida como um serviço RESTful. Além disso, é nela que é declarada a definição da URI para o serviço.

Em RESTful a definição do URI é realizada na declaração da classe e também, caso seja necessário, pode ser estendida aos métodos que a compõem. O fragmento de código seguinte mostra em destaque como essa anotação é utilizada:

```
@Path("/enderecos")
public class EnderecoResource {

    @Path("/listagem")
    public Enderecos getAllEnderecos(){
        ...
    }
}
```

Para realizar uma chamada ao recurso disponibilizado, a aplicação cliente precisa acessar a composição completa do identificador do serviço, por exemplo:

```
http:// localhot:8080/cap04/rest/enderecos/listagem
```

Sendo que:

- "localhot:8080" é o servidor onde o serviço está hospedado;
- "cap04" é o sistema;
- "rest" complemento do serviço;
- "endereço" é o método responsável por fornecer as informações solicitadas.

Como você pode perceber, ao analisar o endereço do serviço, a composição final para uma identificação (URI) de um webservice RESTful é formada pelos nomes que você define na anotação @Path para o conjunto classe (serviço) e método (subserviço) e esses nomes não podem ser repetidos para outra classe e método.

# @Produces

Basicamente, a anotação @Produces indica que o serviço fornecerá às aplicações clientes um ou mais recursos como mensagem de saída. E, principalmente, é nessa anotação que é definido o formato da mensagem gerada pelo serviço, que nesse universo é conhecida como MediaType. O fragmento de código a seguir, mostra em destaque como essa anotação é utilizada:

```
@GET
@Path("/listagem")
@Produces(MediaType.APPLICATION_XML +";charset=UTF-8")
public Enderecos getAllEnderecos(){
    ...
}
```

# @Consumes

Além de disponibilizar uma aplicação RESTful também pode consumir recursos das aplicações clientes. Geralmente, essa ação ocorre quando a aplicação servidora precisa obter as informações da aplicação cliente com o intuito de criar um novo recurso. Similar à anotação @Produces, a anotação @Consumes também é responsável por garantir o MediaType suportado das mensagens que serão consumidas pelo serviço. O código a seguir, mostra em detalhes como essa anotação é utilizada:

```
@POST
@Consumes(MediaType.APPLICATION_XML +";charset=UTF-8")
public ResponseBuilder novoEndereco(Endereco endereco){
    ...
}
```

# @ApplicationPath

Em um projeto RESTful é necessário criar uma classe que entenda de Application e seja anotada como @ApplicationPath. O objetivo dessa classe é mapear todas as classes de serviços existentes no projeto. Além disso,

**166** Java RESTful na prática com JAX-RS

ela precisa ser única em todo o projeto e geralmente é nomeada como MyRESTApplication.

Apenas anotar as classes de serviços com as anotações vistas até aqui não significa que elas serão disponibilizadas pelo servidor de aplicação como serviços. Obrigatoriamente, elas precisam fazer parte de uma lista existente na classe MyRESTApplication, que segue uma estrutura padrão de implementação conforme mostrado a seguir:

```
@ApplicationPath("/rest")
public class MyRESTApplication extends App    lication{
    private Set<Object> singletons = new HashSet<Object>();

    public MyRESTApplication() {
        singletons.add(new EnderecoResource());
    }

    @Override
    public Set<Object> getSingletons() {
        return singletons;
    }
}
```

No código anterior, repare que na anotação @ApplicationPath é adicionado um identificador complementar ("/rest"), que será utilizado em todos os serviços da aplicação. Além disso, o objeto singletons é utilizado para mapear todos os serviços existentes no projeto.

## Colocando em prática VIII

Nesta seção iremos implementar um serviço que disponibiliza uma lista de endereços. O intuito desse exemplo é colocar em prática o conhecimento

Implementando Serviços RESTful 167

adquirido até aqui e demonstrar a facilidade de construção de serviços RESTful utilizando a API JAX-RS. A Figura 4-10 mostra a estrutura do projeto e, na sequência, as listagens mostram o código de implementação do serviço.

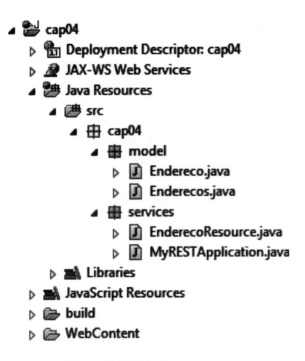

**Figura 4-10** Estrutura do projeto

| Listagem 4-2 | cap04\ services\EnderecoResource.java |

```
1.   package cap04.services;
2.
3.   import java.util.ArrayList;
4.   import java.util.List;
5.   import javax.ws.rs.GET;
```

**168** Java RESTful na prática com JAX-RS

```java
6.   import javax.ws.rs.Path;
7.   import javax.ws.rs.Produces;
8.   import javax.ws.rs.core.MediaType;
9.   import cap04.model.Endereco;
10.  import cap04.model.Enderecos;
11.
12.  @Path("/enderecos")
13.  public class EnderecoResource {
14.
15.     @GET
16.     @Path("/listagem")
17.     @Produces(MediaType.APPLICATION_XML +";charset=UTF-8")
18.     public Enderecos getAllEnderecos(){
19.
20.        Enderecos enderecos = new Enderecos(this.getListaEnderecos());
21.
22.        return enderecos;
23.     }
24.
25.     //Simula uma consulta ao banco de dados
26.     private List<Endereco> getListaEnderecos(){
27.        List<Endereco> listaEnderecos = new ArrayList<Endereco>();
28.
29.        Endereco end1 = new Endereco();
30.        end1.setRua("Rua Antônio Gonçalves");
31.        end1.setNumero(100);
32.        end1.setBairro("Centro");
33.        end1.setCidade("Vila Velha");
34.        end1.setEstado("ES");
35.        end1.setCep("29123-456");
36.        listaEnderecos.add(end1);
37.
38.        Endereco end2 = new Endereco();
39.        end2.setRua("Av. Nossa Senhora da Penha");
```

Implementando Serviços RESTful **169**

```java
40.          end2.setNumero(250);
41.          end2.setBairro("Santa Lúcia");
42.          end2.setCidade("Vitória");
43.          end2.setEstado("ES");
44.          end2.setCep("29456-321");
45.          listaEnderecos.add(end2);
46.
47.          Endereco end3 = new Endereco();
48.          end3.setRua("Av. Rio Branco");
49.          end3.setNumero(520);
50.          end3.setBairro("Santa Lúcia");
51.          end3.setCidade("Vitória");
52.          end3.setEstado("ES");
53.          end3.setCep("29457-325");
54.          listaEnderecos.add(end3);
55.
56.          return listaEnderecos;
57.      }
58.  }
```

| Listagem 4-3 | cap04\ services\MyRESTApplication.java |
| --- | --- |

```java
1.   package cap04.services;
2.
3.   import java.util.HashSet;
4.   import java.util.Set;
5.   import javax.ws.rs.ApplicationPath;
6.   import javax.ws.rs.core.Application;
7.
8.   @ApplicationPath("/rest")
9.   public class MyRESTApplication extends Application{
10.
```

```
11.     private Set<Object> singletons = new HashSet<Object>();
12.
13.     public MyRESTApplication() {
14.         singletons.add(new EnderecoResource());
15.     }
16.
17.     @Override
18.     public Set<Object> getSingletons() {
19.         return singletons;
20.     }
21. }
```

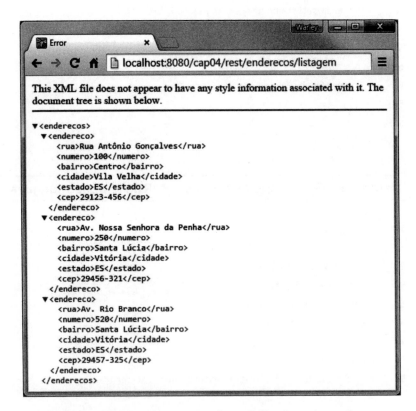

**Figura 4-11** Lista de recursos disponibilizados pelo serviço

# @Path Expressions

Como mostrado na seção anterior, a anotação @Path pode ser utilizada tanto na declaração da classe, para a definição do serviço, quanto nos métodos, para a definição dos subserviços. No entanto, @Path é uma anotação opcional para a identificação dos métodos e quando uma aplicação cliente acessa o endereço do serviço principal o método que não está anotado é acionado.

Para demonstrar na prática essa situação, iremos analisar o fragmento de código a seguir. Repare que o método getFuncionarios não possui uma identificação definida, pois não utiliza a anotação @Path em sua declaração, enquanto que a identificação "/inativos" é definida para o método getFuncionariosInativos.

```
@Path("/funcionarios")
public class FuncionarioResource {

    @GET
    @Produces(MediaType.APPLICATION_XML +";charset=UTF-8")
    public Departamento getFuncionarios(){
        ...
    }

    @GET
    @Path("/inativos")
    @Produces(MediaType.APPLICATION_XML +";charset=UTF-8")
    public Departamento getFuncionariosInativos(){
        ...
    }
}
```

Ao acessar o serviço, utilizando o endereço do principal, a aplicação servidora acessa ao método não anotado (getFuncionarios) e disponibiliza uma mensagem de saída. A Figura 4-12 mostra a mensagem exibida pelo sistema ao realizar uma chamada do serviço principal.

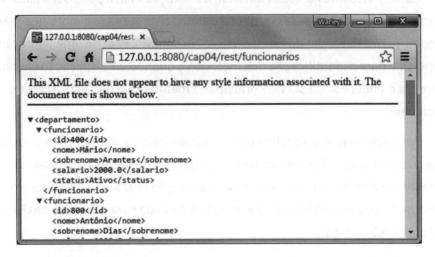

**Figura 4-12** Solicitação do serviço principal

Ainda analisando o código anterior, para que a lista de funcionários inativos possa ser obtida será necessário que no endereço do serviço seja especificado o identificador do método que disponibiliza essa informação. Em nosso exemplo, o seguinte endereço precisa ser informado:

http://localhost:8080/cap04/rest/funcionarios/**inativos**

Implementando Serviços RESTful **173**

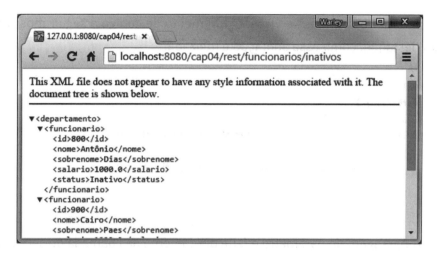

**Figura 4-13** Solicitação do subserviço

Como você pode ter percebido, caso uma classe de serviço possua mais de um método não identificado, a aplicação servidora não saberá qual método chamar quando o serviço principal for solicitado. Por isso é muito importante que sempre seja informado um identificador único para cada método existente em uma classe de serviço.

## @PathParam

Em uma aplicação web convencional é possível passar parâmetros em solicitações HTTP diretamente na URL no momento da chamada de uma página ou quando um formulário é submetido.

Em aplicações RESTful, essa possibilidade também pode ser realizar para todos os métodos existentes no protocolo HTTP. A API JAX-RS disponibiliza a anotação @PathParam que trata especificamente de passagem de parâmetros para os serviços. O fragmento de código a seguir mostra, em destaque, como essa anotação é utilizada.

```
@GET
@Path("{id}")
@Produces(MediaType.APPLICATION_XML +";charset=UTF-8")
public Funcionario getFuncionario(@PathParam("id") int id){

    Funcionario funcionario = funcionarios.get( id);
    return funcionario;
}
```

A passagem do parâmetro é feita diretamente na chamada do serviço, no final da URI, como mostrado na barra de endereço da Figura 4-14.

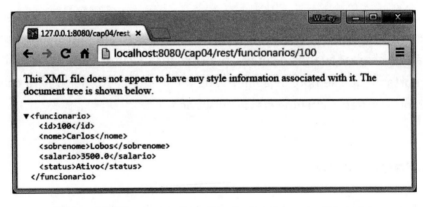

**Figura 4-14** Passagem de parâmetro na chamada do serviço

## @QueryParam

Esta anotação é geralmente utilizada quando for necessário passar mais de um parâmetro para o serviço, como mostrado em destaque na URI abaixo:

Implementando Serviços RESTful  **175**

```
http://localhost:8080/cap04/rest/funcionarios/funcionario?nome=
Lucas&sobrenome=Barreto
```

Na implementação do método do serviço a anotação é associada aos parâmetros de entrada como mostrado, em destaque, no fragmento de código abaixo:

```
@GET
@Path("/funcionario")
@Produces(MediaType.APPLICATION_XML +";charset=UTF-8")
public Funcionario getFuncPorNome    (@QueryParam("nome") String nome,
                                      @QueryParam("sobrenome") String sobrenome){
    ...
}
```

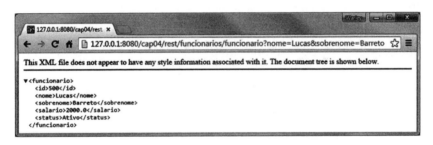

**Figura 4-15** Passagem de parâmetro na chamada do serviço utilizando query param

A API JAX-RS fornece um recurso muito interessante, que é a passagem opcional de parâmetros. Imagine que você tenha criado um serviço que retorne todos os funcionários ativos de um departamento, mas em alguns momentos você também precisa obter a lista de empregados inativos. Caso você não passe nenhum parâmetro de consulta, a lista padrão retornada será somente de empregados ativos. Caso seja necessário, o cliente pode passar um parâmetro informando que deseja obter a lista de funcionários inativos.

**176** Java RESTful na prática com JAX-RS

Quando você precisar implementar serviços em que os parâmetros sejam opcionais, basta utilizar a anotação @DefaultValue em conjunto com a anotação @QueryParam, como mostrado no fragmento de código a seguir:

```
@GET
@Produces(MediaType.APPLICATION_XML +";charset=UTF-8")
public Departamento getFuncionarios(    @DefaultValue("ativo")
                                        @QueryParam("status") String status){

    ...

}
```

Caso nenhum valor seja informado na URL do serviço, a anotação @DefaultValue atribuirá automaticamente o valor "ativo" como entrada padrão para o parâmetro @QueryParam("status"). Outra situação em que essa anotação é muito utilizada é na definição de um valor de paginação das informações listadas pelo serviço. Caso nenhum valor seja informado na chamada do serviço, por exemplo, uma lista com 10 registros será retornada para a aplicação cliente. Caso o usuário precise visualizar mais registros por vez, o valor é passado como parâmetro.

```
http://localhost:8080/cap04/rest/funcionarios?qtd=20
```

# @MatrixParam

A anotação @MatrixParam também é utilizada para possibilitar a passagem de parâmentos diretamente na URI do serviço, como acontece com anotação @QueryParam. No entanto, cada parâmetro passado na chamado do serviço deve ser separado pelo caracter ";", enquanto que ao utilizar @QueryParam os parâmetros são separados por "&". O exemplo abaixo mostra em destaque a comparação da forma de passagem de parâmetros utilizando as duas anotações.

URL com query params:

```
http://localhost:8080/cap04/rest/funcionarios?paramA=1&paramB=2
```

URL com matrix params:

```
http://localhost:8080/cap04/rest/funcionarios;paramA=1;paramB=2
```

A implementação do método também não é muito diferente da forma mostrada na seção anterior, como você pode verificar, analisando fragmento de código seguinte.

```
@GET
@Path("/salario")
@Produces(MediaType.APPLICATION_XML +";charset=UTF-8")
public Departamento getFuncPorSalario(
    @DefaultValue("0") @MatrixParam("minimo") String minimo,
    @DefaultValue("5000") @MatrixParam("maximo") String maximo){

    ...
}
```

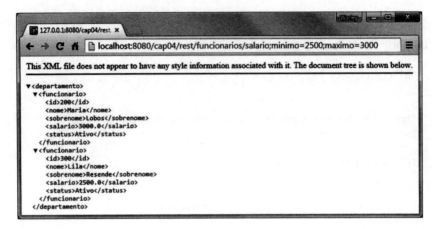

**Figura 4-16** Passagem de parâmetro na chamada do serviço utilizando matrix param

Obs: Um ponto negativo na utilização de matrix param, é que ele não é suportado por muitos frameworks. Então, sempre que possível, dê preferência em passar parâmetros utilizando query param.

## @FormParam

Esta anotação é utilizada para os casos em que um serviço precisa receber os parâmetros submetidos de um formulário de página web. Como os formulários web são submetidos utilizando o método POST do protocolo HTTP, logo essa anotação dever ser utilizada em conjunto com a anotação, como mostrada no código abaixo:

```
@POST
public void novoFuncionario(
    @FormParam("nome") String nome,
    @FormParam("sobrenome") String sobrenome
    @FormParam("salario") String salario,
    @FormParam("status") String status){

    ...

}
```

Repare que na declaração do método, não foi necessário utilizar a anotação @Path. Como falado anteriormente, uma aplicação RESTful consegue distinguir cada tipo de solicitação conforme os métodos existentes no protocolo HTTP. Caso a classe de serviços possuísse outro método anotado com @POST aí sim seria necessário utilizar a anotação @Path para distinguir diferentes URIs.

O fragmento de código abaixo mostra em destaque um exemplo de formulário em HTML que submete as informações para o serviço.

```
<form method="post"
    action="http://localhost:8080/cap04/rest/funcionarios"
    accept -charset="ISO -8859 -1">

    Nome:
    <input name="nome" type="text" />

    Sobrenome:
    <input name="sobrenome" type="text" />

    Salário:
    <input name="salario" type="text" />
```

```
Status:
<select name="status" >
    <option value="A" >Ativo</option>
    <option value="I">Inativo</option>
</select>

<input name="botao" type="submit" value="Salvar" />
</form>
```

●●●●●●●●●●●●●●●●●●●●●●●●●

# Colocando em prática IX

Nesta seção iremos implementar uma classe de serviços contendo todas as anotações discutidas até este ponto, com o intuito de colocarmos em prática todos os conceitos aprendidos.

A Figura 4-17 mostra um formulário web utilizado para criar um novo funcionário e a Figura 4-18 mostra a estrutura do projeto. As listagens seguintes mostram os códigos necessários na implementação do programa.

Implementando Serviços RESTful  181

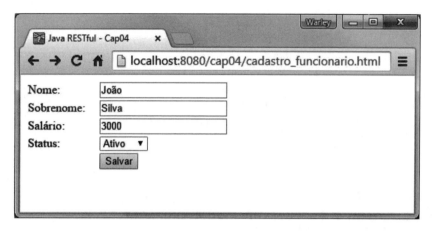

**Figura 4-17** Formulário de cadastro de funcionários

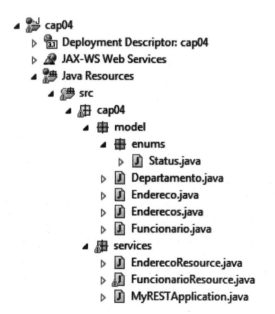

182  Java RESTful na prática com JAX-RS

▷ 📚 Libraries
▷ 📚 JavaScript Resources
▷ 📂 build
◢ 📂 WebContent
　▷ 📂 META-INF
　▷ 📂 WEB-INF
　　🔲 cadastro_funcionario.html

**Figura 4-18** Estrutura do projeto

| **Listagem 4-4** | **cap04\ model\enums\Status.java** |
| --- | --- |

```
1.    package cap04.model.enums;
2.
3.    import javax.xml.bind.annotation.XmlEnum;
4.    import javax.xml.bind.annotation.XmlEnumValue;
5.
6.    @XmlEnum
7.    public enum Status {
8.
9.        @XmlEnumValue("Ativo")
10.       A('A', "Ativo"),
11.
12.       @XmlEnumValue("Inativo")
13.       I('I', "Inativo");
14.
15.       private char id;
16.       private String descricao;
17.
18.       private Status(char id, String descricao){
19.           this.id = id;
20.           this.descricao = descricao;
21.
```

Implementando Serviços RESTful **183**

```java
22.    public char getId() {
23.        return id;
24.    }
25.
26.    public String getDescricao() {
27.        return this.descricao;
28.    }
29.
30.    @Override
31.    public String toString() {
32.        return this.descricao;
33.    }
34. }
```

| Listagem 4-5 | cap04\model\Funcionario.java |
| --- | --- |

```java
1.    package cap04.model;
2.
3.    import javax.xml.bind.annotation.XmlAccessType;
4.    import javax.xml.bind.annotation.XmlAccessorType;
5.    import javax.xml.bind.annotation.XmlRootElement;
6.    import cap04.model.enums.Status;
7.
8.    @XmlRootElement
9.    @XmlAccessorType(value = XmlAccessType.FIELD)
10.   public class Funcionario {
11.
12.       private int id;
13.       private String nome;
14.       private String sobrenome;
15.       private double salario;
16.       private Status status;
```

## 184 Java RESTful na prática com JAX-RS

```java
17.
18.    public int getId() {
19.        return id;
20.    }
21.    public void setId(int id) {
22.        this.id = id;
23.    }
24.    public String getNome() {
25.        return nome;
26.    }
27.    public void setNome(String nome) {
28.        this.nome = nome;
29.    }
30.    public String getSobrenome() {
31.        return sobrenome;
32.    }
33.    public void setSobrenome(String sobrenome) {
34.        this.sobrenome = sobrenome;
35.    }
36.    public double getSalario() {
37.        return salario;
38.    }
39.    public void setSalario(double salario) {
40.        this.salario = salario;
41.    }
42.    public Status getStatus() {
43.        return status;
44.    }
45.    public void setStatus(Status status) {
46.        this.status = status;
47.    }
48. }
```

Implementando Serviços RESTful **185**

| Listagem 4-6 | cap04\model\Departamento.java |
|---|---|

```java
1.   package cap04.model;
2.
3.   import java.util.Collection;
4.   import javax.xml.bind.annotation.XmlAccessType;
5.   import javax.xml.bind.annotation.XmlAccessorType;
6.   import javax.xml.bind.annotation.XmlElement;
7.   import javax.xml.bind.annotation.XmlRootElement;
8.
9.   @XmlRootElement(name = "departamento")
10.  @XmlAccessorType(value = XmlAccessType.FIELD)
11.  public class Departamento {
12.
13.      @XmlElement(name = "funcionario")
14.      private Collection<Funcionario> funcionarios;
15.
16.      public Departamento() {
17.          super();
18.      }
19.
20.      public Departamento(Collection<Funcionario> funcionarios) {
21.          super();
22.          this.funcionarios = funcionarios;
23.      }
24.
25.      public Collection<Funcionario> getFuncionarios() {
26.          return funcionarios;
27.      }
28.      public void setFuncionarios(Collection<Funcionario> funcionarios) {
29.          this.funcionarios = funcionarios;
30.      }
31.  }
```

186  Java RESTful na prática com JAX-RS

| Listagem 4-7 | cap04\services\FuncionarioResource.java |

```
1.    package cap04.services;
2.
3.    import java.util.ArrayList;
4.    import java.util.List;
5.    import java.util.Map;
6.    import java.util.concurrent.ConcurrentHashMap;
7.    import javax.ws.rs.DefaultValue;
8.    import javax.ws.rs.FormParam;
9.    import javax.ws.rs.GET;
10.   import javax.ws.rs.MatrixParam;
11.   import javax.ws.rs.POST;
12.   import javax.ws.rs.Path;
13.   import javax.ws.rs.PathParam;
14.   import javax.ws.rs.Produces;
15.   import javax.ws.rs.QueryParam;
16.   import javax.ws.rs.core.MediaType;
17.   import cap04.model.Departamento;
18.   import cap04.model.Funcionario;
19.   import cap04.model.enums.Status;
20.
21.   @Path("/funcionarios")
22.   public class FuncionarioResource {
23.
24.       private int id = 1;
25.       private Map<Integer, Funcionario> funcionarios
26.           = new ConcurrentHashMap<Integer, Funcionario>();
27.
28.       public FuncionarioResource(){
29.           this.adicionaFuncionarios();
30.       }
31.
```

```java
32.     @GET
33.     @Produces(MediaType.APPLICATION_ XML +";charset=UTF-8")
34.     public Departamento getFuncionarios(@DefaultValue("ativo")
35.             @QueryParam("status") String status){
36.
37.        List<Funcionario> lista = new ArrayList<Funcionario>();
38.
39.        for (Object key : funcionarios.keySet()) {
40.            Funcionario func = funcionarios.get(key);
41.
42.            if(func.getStatus().getDescricao().equalsIgnoreCase(status)){
43.                lista.add(func);
44.            }
45.        }
46.
47.        Departamento departamento = new Departamento(lista);
48.        return departamento;
49.     }
50.
51.     @GET
52.     @Path("/inativos")
53.     @Produces(MediaType.APPLICATION_ XML +";charset=UTF-8")
54.     public Departamento getFuncionariosInativos(){
55.
56.        List<Funcionario> lista = new ArrayList<Funcionario>();
57.
58.        for (Object key : funcionarios.keySet()) {
59.            Funcionario func = funcionarios.get(key);
60.
61.            if(func.getStatus() == Status.I){
62.                lista.add(func);
63.            }
64.        }
65.
```

# 188 Java RESTful na prática com JAX-RS

```
66.            Departamento departamento = new Departamento(lista);
67.            return departamento;
68.        }
69.
70.        @GET
71.        @Path("{id}")
72.        @Produces(MediaType.APPLICATION_XML +";charset=UTF-8")
73.        public Funcionario getFuncionario(@PathParam("id") int id){
74.
75.            Funcionario funcionario = funcionarios.get(id);
76.            return funcionario;
77.        }
78.
79.        @GET
80.        @Path("/funcionario")
81.        @Produces(MediaType.APPLICATION_XML +";charset=UTF-8")
82.        public Funcionario getFuncPorNome(
83.                @QueryParam("nome") String nome,
84.                @QueryParam("sobrenome") String sobrenome){
85.
86.            for (Object key : funcionarios.keySet()) {
87.                Funcionario func = funcionarios.get(key);
88.
89.                if(func.getNome().equalsIgnoreCase(nome) &&
90.                   func.getSobrenome().equalsIgnoreCase(sobrenome)){
91.
92.                    return func;
93.                }
94.            }
95.            return null;
96.        }
97.
98.        @GET
99.        @Path("/salario")
```

```
100.    @Produces(MediaType.APPLICATION_ XML +";charset=UTF-8")
101.    public Departamento getFuncPorSalario(
102.            @DefaultValue("0") @MatrixParam("minimo") String minimo,
103.            @DefaultValue("5000") @MatrixParam("maximo") String maximo){
104.
105.        double salMinimo = Double.parseDouble(minimo);
106.        double salMaximo = Double.parseDouble(maximo);
107.
108.        List<Funcionario> lista = new ArrayList<Funcionario>();
109.
110.        for (Object key : funcionarios.keySet()) {
111.            Funcionario func = funcionarios.get(key);
112.
113.            if(func.getSalario() >= salMinimo && func.getSalario()
                <= salMaximo){
114.                lista.add(func);
115.            }
116.        }
117.
118.        Departamento departamento = new Departamento(lista);
119.        return departamento;
120. }
121.
122.    @POST
123.    public void novoFuncionario(
124.            @FormParam("nome") String nome,
125.            @FormParam("sobrenome") String sobrenome,
126.            @FormParam("salario") String salario,
127.            @FormParam("status") String status){
128.
129.        double sal = Double.parseDouble(salario);
130.
131.        Funcionario func = new Funcionario();
132.        func.setId(id++);
```

**190** Java RESTful na prática com JAX-RS

```
133.        func.setNome(nome);
134.        func.setSobrenome(sobrenome);
135.        func.setSalario(sal);
136.
137.    if(status.equals("A")){
138.        func.setStatus(Status.A);
139.    }else{
140.        func.setStatus(Status.I);
141.    }
142.
143.        funcionarios.put(func.getId(), func);
144.    }
145.
146.    //Simula uma consulta ao banco de dados
147.    private void adicionaFuncionarios(){
148.        Funcionario f1 = new Funcionario();
149.        f1.setId(id++);
150.        f1.setNome("Carlos");
151.        f1.setSobrenome("Lobos");
152.        f1.setSalario(3500);
153.        f1.setStatus(Status.A);
154.
155.        Funcionario f2 = new Funcionario();
156.        f2.setId(id++);
157.        f2.setNome("Maria");
158.        f2.setSobrenome("Lobos");
159.        f2.setSalario(3000);
160.        f2.setStatus(Status.A);
161.
162.        Funcionario f3 = new Funcionario();
163.        f3.setId(id++);
164.        f3.setNome("Lila");
165.        f3.setSobrenome("Resende");
166.        f3.setSalario(2500);
```

Implementando Serviços RESTful **191**

```
167.        f3.setStatus(Status.A);
168.
169.        Funcionario f4 = new Funcionario();
170.        f4.setId(id++);
171.        f4.setNome("Mário");
172.        f4.setSobrenome("Arantes");
173.        f4.setSalario(2000);
174.        f4.setStatus(Status.A);
175.
176.        Funcionario f5 = new Funcionario();
177.        f5.setId(id++);
178.        f5.setNome("Lucas");
179.        f5.setSobrenome("Barreto");
180.        f5.setSalario(2000);
181.        f5.setStatus(Status.A);
182.
183.        Funcionario f6 = new Funcionario();
184.        f6.setId(id++);
185.        f6.setNome("Carina");
186.        f6.setSobrenome("Tavares");
187.        f6.setSalario(2000);
188.        f6.setStatus(Status.A);
189.
190.        Funcionario f7 = new Funcionario();
191.        f7.setId(id++);
192.        f7.setNome("Antônio");
193.        f7.setSobrenome("Muniz");
194.        f7.setSalario(1500);
195.        f7.setStatus(Status.I);
196.
197.        Funcionario f8 = new Funcionario();
198.        f8.setId(id++);
199.        f8.setNome("Antônio");
200.        f8.setSobrenome("Dias");
```

**192** Java RESTful na prática com JAX-RS

```java
201.          f8.setSalario(1000);
202.          f8.setStatus(Status.I);
203.
204.          Funcionario f9 = new Funcionario();
205.          f9.setId(id++);
206.          f9.setNome("Cairo");
207.          f9.setSobrenome("Paes");
208.          f9.setSalario(1000);
209.          f9.setStatus(Status.I);
210.
211.          funcionarios.put(f1.getId(), f1);
212.          funcionarios.put(f2.getId(), f2);
213.          funcionarios.put(f3.getId(), f3);
214.          funcionarios.put(f4.getId(), f4);
215.          funcionarios.put(f5.getId(), f5);
216.          funcionarios.put(f6.getId(), f6);
217.          funcionarios.put(f7.getId(), f7);
218.          funcionarios.put(f8.getId(), f8);
219.          funcionarios.put(f9.getId(), f9);
220.      }
221.  }
```

| Listagem 4-8 | cap04\services\MyRESTApplication.java |
|---|---|

```java
1.    package cap04.services;
2.
3.    import java.util.HashSet;
4.    import java.util.Set;
5.    import javax.ws.rs.ApplicationPath;
6.    import javax.ws.rs.core.Application;
7.
8.    @ApplicationPath("/rest")
```

Implementando Serviços RESTful **193**

```java
9.   public class MyRESTApplication extends Application{
10.
11.      private Set<Object> singletons = new HashSet<Object>();
12.
13.      public MyRESTApplication() {
14.         singletons.add(new EnderecoResource());
15.         singletons.add(new FuncionarioResource());
16.      }
17.
18.      @Override
19.      public Set<Object> getSingletons() {
20.         return singletons;
21.      }
22.   }
```

| Listagem 4-9 | cap04\WebContent\cadastro_funcionario.html |
|---|---|

```html
1.   <!DOCTYPE html>
2.   <html>
3.   <head>
4.   <meta charset="ISO-8859-1">
5.   <title>Java RESTful - Cap04</title>
6.   </head>
7.   <body>
8.
9.   <form method="post"
10.      action="http://127.0.0.1:8080/cap04/rest/funcionarios"
11.      accept-charset="ISO-8859-1">
12.
13.      <table width="60%" border="0" cellspacing="1" cellpadding="1">
14.         <tr>
```

```html
15.          <td>Nome:</td>
16.          <td><input name="nome" type="text" /></td>
17.      </tr>
18.      <tr>
19.          <td>Sobrenome:</td>
20.          <td><input name="sobrenome" type="text" /></td>
21.      </tr>
22.      <tr>
23.          <td>Salário:</td>
24.          <td><input name="salario" type="text" /></td>
25.      </tr>
26.      <tr>
27.          <td>Status:</td>
28.          <td>
29.            <select name="status" >
30.              <option value="A" >Ativo</option>
31.              <option value="I">Inativo</option>
32.            </select>
33.          </td>
34.      </tr>
35.      <tr>
36.          <td> </td>
37.          <td>
38.            <input name="botao" type="submit" value="Salvar" />
39.          </td>
40.      </tr>
41.      </table>
42.    </form>
43.    </body>
44.    </html>
```

Após implementar os códigos mostrados nas listagem acima, teste as seguintes URLs na barra de endereço do seu navegado:

```
http://127.0.0.1:8080/cap04/rest/funcionarios/
http://127.0.0.1:8080/cap04/rest/funcionarios/inativos
http://127.0.0.1:8080/cap04/rest/funcionarios/5
http://127.0.0.1:8080/cap04/rest/funcionarios/funcionario?nome=Lucas&sobrenome=Barreto
http://127.0.0.1:80 80/cap04/rest/funcionarios/salario;minimo=2000;maximo=3000
```

• • • • • • • • • • • • • • • • • • • • • • • •

# HTTP STATUS E TRATAMENTO DE ERROS

Como falado no capítulo 01, o protocolo HTTP disponibiliza uma série de códigos de status que representam o sucesso ou falha de transações decorrentes entre as aplicações clientes e a aplicação servidora.

A API JAX-RS disponibiliza a classe javax.ws.rs.core.Response que trata exclusivamente de mensagens de resposta que são enviadas do servidor para as aplicações clientes. Nessa classe são adicionados os códigos de status.

O fragmento de código a seguir, mostra, em destaque, como um código de status é adicionado à mensagem gerada pelo serviço. No exemplo abaixo, o status "404 Not Found" é enviado para aplicação cliente sempre que um recurso não é encontrado. E quando o recurso é encontrado, o status "200 OK" é recebido em conjunto com o recurso.

```
@GET
@Path("{id}")
@Produces(MediaType.APPLICATION_XML +";charset=UTF-8")
public Fruta getItem(@PathParam("id") int id){
    Fruta fruta = itens.get(id);

    if(fruta == null){
        throw new WebApplicationException(Response.Status.NOT_FOUND);
    }

    return fruta;
}
```

A Figura 4-19 mostra a mensagem de sucesso recebida pela aplicação em conjunto com o recurso encontrado.

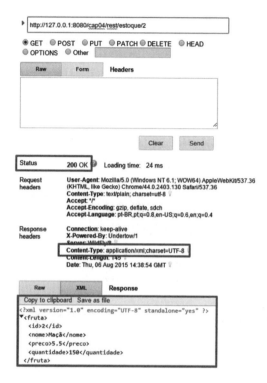

**Figura 4-19** Status 200 - recurso encontrado com sucesso

Para testar os serviços foi utilizada a ferramenta "Advanced REST Client", que permite enviar solicitações para os serviços RESTful e mostra detalhadamente todas as informações de cabeçalho e corpo das mensagens recebidas. Veja o capítulo 02 para mais detalhes de instalação e uso dessa ferramenta.

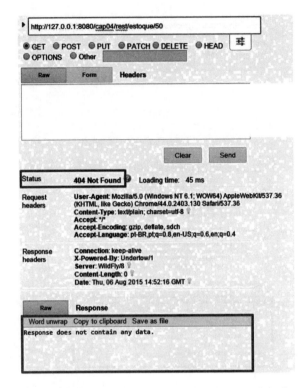

**Figura 4-20** Status 404 — recurso não encontrado

Além dos códigos de status, a classe `javax.ws.rs.core.Response` também possibilita um maior controle na montagem da mensagem de resposta do serviço, como mostrado, em destaque, no código a seguir:

## Implementando Serviços RESTful   **199**

```java
@POST
@Produces(MediaType.APPLICATION_XML +";charset=UTF-8")
public Response novoItem(
        @FormParam("nome") String nome,
        @FormParam("preco") double preco,
        @FormParam("quantidade") int qtd){

    Fruta fruta = new Fruta(id++, nome, preco, qtd);
    itens.put(fruta.getId(), fruta);

    System.out.println("Item criado " + fruta.getId());

    //Montagem da mensagem de resposta
    URI uri = UriBuilder.fromPath("estoque/{id}").build(fruta.getId());
    return Response.created(uri).entity(fruta).build();
}
```

Repare que o objeto `fruta` é criado com as informações recebidas de um formulário web conforme Figura 4-22. Em seguida a URL e novo item criado (objeto `fruta`) é adicionado à mensagem de resposta do serviço, que por fim é enviada para a aplicação cliente.

200  Java RESTful na prática com JAX-RS

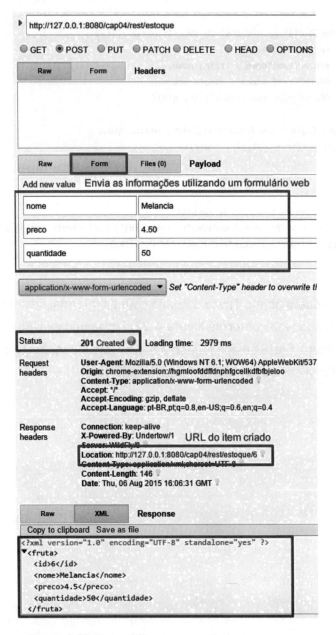

**Figura 4-22** Status 201 – recurso criado com sucesso

O código de montagem da resposta também pode ser implementado em um formato mais direto, ficando a cargo do desenvolvedor escolher a melhor opção. Veja o código:

```
@POST
@Produces(MediaType.APPLICATION_XML +";charset=UTF-8")
public Response novoItem(
        @FormParam("nome") String nome,
        @FormParam("preco") double preco,
        @FormParam("quantidade") int qtd){

    ...

    return Response.created(URI.create("/estoque/"+ fruta.getId()))
        .entity(fruta).build();
}
```

Falando agora, especificamente, sobre tratamento de erros, a API JAX-RS disponibiliza um recurso muito interessante que é a capacidade de você criar as suas próprias classes de tratamento de erro como objeto de apresentar mensagens de erro amigáveis e também padronizadas para as aplicações, quando alguma anormalidade acontece (HTTP 500 – Internal Server Error) ou quando algum recurso não é encontrado (HTTP **404 - Not Found**).

Seguindo o padrão da linguagem Java, as classes de erro são criadas uma vez e utilizadas por todas as classes de serviços contidas na aplicação. O código abaixo mostra um exemplo de uma classe de erro customizada:

**202** Java RESTful na prática com JAX-RS

```java
public class MyApplicationException extends RuntimeException{
    private static final long serialVersionUID = 1L;

    public MyApplicationException() {
      super();
    }
    public MyApplicationException(String msg)    {
      super(msg);
    }
    public MyApplicationException(String msg, Exception e)   {
      super(msg, e);
    }
}
```

Para que a aplicação RESTful possa utilizar essa classe de erro, no momento em que algum problema ocorrer, é necessário criar uma classe de manipulação de exceções (exception handling). Essa classe precisa implementar a interface ExceptionMapper e ser anotada com @Provider, com mostrado a seguir:

```java
@Provider
public class MyExceptionMapper implements ExceptionMapper<MyApplicationException>{

    @Override
    public Response toResponse(MyApplicationException exception) {

        return Response.status(Status.NOT_FOUND)
              .entity(exception.getMessage())
              .type("text/plain;charset=UTF -8").build();
    }
}
```

Por fim, a classe de manipulação de exceções (`MyExceptionMapper`) precisa ser mapeada no arquivo **web.xml** do projeto para que as exceções ocorridas nos serviços possam passar por essa classe. O fragmento de código a seguir, mostra como essa classe é mapeada no **web.xml**.

```
<context-param>
    <param-name>resteasy.providers</param-name>
    <param-value>cap04.services.exception.MyExceptionMapper</param-value>
</context-param>
```

No método do serviço, a classe de erro é utilizada da seguinte forma:

```
@GET
@Path("{id}")
@Produces(MediaType.APPLICATION_XML +";charset=UTF-8")
public Response getItem(@PathParam("id") int id){

    Fruta fruta = itens.get(id);

    if(fruta == null){
        throw new MyApplicationException("Item não econtrado.");
    }

    return Response.ok().entity(fruta).build();
}
```

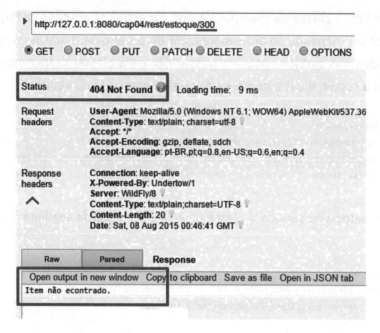

**Figura 4-23** Mensagem de erro customizada

À primeira vista, pode parecer trabalhoso implementar uma classe de erros customizada. No entanto, esse trabalho é realizado apenas uma vez e é utilizado em praticamente todas as classes de serviços existentes no projeto, com a grande vantagem de sempre enviar, para as aplicações clientes, mensagens de erros amigáveis e padronizadas. Na seção "Colocando em prática X", você implantará um exemplo completo utilizando classe de tratamento de erros.

# ARQUIVOS

Caso seja necessário, um serviço pode prover um recurso no formato de arquivo, como uma imagem, um documento em PDF, documento em TXT etc. No geral, implementar serviços que provêm arquivos é bem simples, sendo que a única diferença em relação a um serviço convencional é o formato da mensagem de saída (MediaType) configurado na anotação @Produces.

Enquanto que em serviços convencionais, o tipo da mensagem é produzida no formato "text/plain", "application/xml" e "application/json". Ao trabalhar com arquivos, o formato da mensagem é configurado conforme o tipo de cada arquivo, podendo ser "image/png", "image/jpg", "application/pdf", "application/vnd.ms-word", "application/vnd.ms-excel" etc.

O código a seguir, mostra como prover uma imagem como mensagem de saída de um serviço:

```java
@GET
@Path("/imagem")
@Produces("image/png")
public Response getImagem() {

    String FILE_PATH = "d:\\uva.png";

    File file = new File(FILE_PATH);

    ResponseBuilder response = Response.ok((Object) file);

    response.header("Content-Disposition", "attachment; filename=uva.png");

    return response.build();
}
```

**206** Java RESTful na prática com JAX-RS

Para testar o serviço e verificar a imagem disponibilizada, você implementa uma simples página em HTML e passa a URL do serviço diretamente no atributo src da tag HTML IMG, como mostrado a seguir:

```
<html>
<body>
    <img src="http://127.0.0.1:8080/cap04/rest/estoque/imagem" />
</body>
</html>
```

Já, o código, a seguir, mostra como prover uma arquivo pdf como mensagem de saída de um serviço:

```
@GET
@Path("/arquivo/pdf")
@Produces("application/pdf")
public Response getPdf() {


    String FILE_PATH = "d:\\arquivo.pdf";

    File file = new File(FILE_PATH);

    ResponseBuilder response = Response.ok((Object) file);

    response.header("Content-Disposition","attachment; filename=arquivo.pdf");

    return response.build();
}
```

Os exemplos anteriores mostram como disponibilizar arquivos armazenados em um diretório do computador, no então, em alguns casos, é necessário disponibilizar um arquivo armazenado em uma pasta interna do projeto, como as imagens contidas na pasta "resources" mostrada na Figura 4-24.

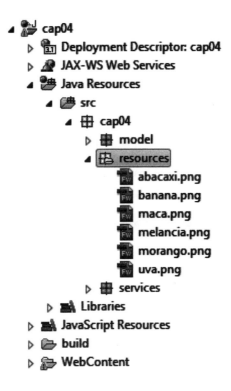

**Figura 4-24** Estrutura do projeto com imagens

**208** Java RESTful na prática com JAX-RS

Nesses casos, é necessário primeiro informar o caminho do arquivo para um objeto do tipo `InputStream` e enviar o arquivo como um array de `byte`. O código a seguir mostra a implementação do serviço, em detalhes:

```
@GET
@Path("/imagem/{id}")
@Produces("image/png")
public Response getImagem(@PathParam("id") int id) throws IOException {

    Fruta fruta = itens.get(id);
    if(fruta == null){
        throw new MyApplicationException("Item não econtrado.");
    }

    //Localiza o arquivo dentro da pasta do projeto
    InputStream is = EstoqueResource.class
        .getResourceAsStream("/cap04/resources/"+ fruta.getIcone());

    if (is == null)
        throw new MyApplicationException("Arquivo não encontrado.");

    byte[] file = new byte[is.available()];
    is.read(file);
    is.close();



    ResponseBui  lder response = Response.ok((Object) file);

    response.header("Content    -Disposition",
            "attachment; filename="+ fruta.getIcone());

    return response.build();
}
```

Para testar, basta utilizar a seguinte página HTML:

```html
<html>
<body>
    <img src="http://127.0.0.1:8080/cap04/rest/estoque/imagem/1" />
</body>
</html>
```

• • • • • • • • • • • • • • • • • • • • • • •

# SERVIÇOS JSON

No Capítulo 03, nós utilizamos as bibliotecas do framework Jackson para converter objetos Java, anotados com JAXB, para Strigns JSON e vice-versa. Neste capítulo, iremos repetir essa ação e iremos adicionar ao nosso projeto as mesmas bibliotecas para que a API JAX-RS possa utilizá-las e realizar automaticamente essas conversões.

Em uma aplicação Java Web, obrigatoriamente, as bibliotecas precisam ser adicionadas dentro da pasta "lib", situada dentro do diretório "WebContent/WEB-INF". Lembrando que a pasta "lib" é criada no Eclipse, no momento da criação do projeto Web e que qualquer biblioteca colocada nesta pasta é carregada automaticamente e é incorporada ao projeto (carregada no Build Path do projeto). A Figura 4-25 mostra em detalhes as bibliotecas do Jackson adicionadas ao projeto.

210  Java RESTful na prática com JAX-RS

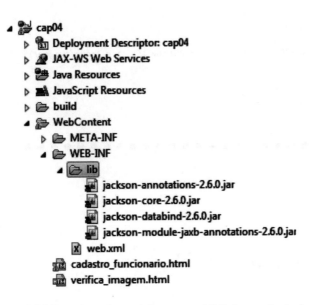

**Figura 4-25** Estrutura do projeto com as bibliotecas do Jackson

Internamente, a API JAX-RS é capaz de utilizar as bibliotecas do Jackson para criar mensagens no formato JSON, eliminando a necessidade do programador implementar rotinas de conversões de tipo de dados. Esse processo para a API JAX-RS é feito de forma automática, bastando, para isso, que o implementador configure a anotação @Produces, o formato da mensagem (MediaType) como JSON. O código a seguir, mostra, em detalhes, como um serviço JSON é implementado:

```
@GET
@Produces(MediaType.APPLICATION_JSON + "; charset=UTF-8")
public Estoque getItens(){
    Estoque estoque = new Estoque(itens.values());
    return estoque;
}
```

Ao acessar o serviço acima, o mesmo fornece a seguinte mensagem de saída:

```
{"fruta":[
    {"id":1,"nome":"Abacaxi","preco":3.2,"qtd":250,"icone":"abacaxi.png"},
    {"id":2,"nome":"Banana","preco":2.0,"qtd":200,"icone":"banana.png"},
    {"id":3,"nome":"Maçã","preco":5.5,"qtd":150,"icone":"maca.png"},
    {"id":4,"nome":"Melancia","preco":8.5,"qtd":50,"icone":"melancia.png"},
    {"id":5,"nome":"Morango","preco":6.5,"qtd":100,   "icone":"morango.png"},
    {"id":6,"nome":"Uva","preco":9.5,"qtd":80,"icone":"uva.png"}]
}
```

Como falado anteriormente, um serviço RESTful pode disponibilizar o mesmo recurso em diferentes formatos, ficando a cargo da aplicação cliente escolher o formato que deseja conseguir a informação. A configuração de múltiplos formatos também é feita na anotação @Produces, como mostrado em destaque, no código a seguir:

```
@GET
@Produces({MediaType.APPLICATION_XML, MediaType.APPLICATION_JSON})
public Estoque getItens(){
    Estoque estoque = new Estoque(itens.values());
    return estoque;
}
```

Você pode estar se perguntando: Mas basta adicionar as bibliotecas do Jackson e configurar a anotação @Produces como MediaType.APPLICA-TION _ JSON que as mensagem são geradas no formato JSON? A resposta é sim. A API JAX-RS faz todo o trabalho pesado para realizar as conversões de formatos automaticamente, sem a intervenção do desenvolvedor.

• • • • • • • • • • • • • • • • • • • • • • • •

**212** Java RESTful na prática com JAX-RS

# Colocando em prática X

Nesta seção, iremos "colocar a mão na massa" e reunir todos os fragmentos de códigos mostrados nas seções anteriores e construir um exemplo completo. Como sugestão, à medida que você for implementando os métodos da classe de serviços, vá realizando alguns testes para entender, na prática, a dinâmica das chamadas dos serviços.

Nesse exemplo, construiremos uma classe que disponibiliza informações sobre produtos. As listagens a seguir, mostram os códigos necessários para a implementação. Enquanto que a Figura 1-26, mostra a estrutura completa do projeto.

| Listagem 4-10 | cap04\services\exception\MyApplication Exception.java |
|---|---|

```
1.    package cap04.services.exception;
2.
3.    public class MyApplicationException extends RuntimeException{
4.
5.        private static final long serialVersionUID = 1L;
6.
7.        public MyApplicationException() {
8.            super();
9.        }
10.       public MyApplicationException(String msg)    {
11.           super(msg);
12.       }
```

Implementando Serviços RESTful **213**

```java
13.     public MyApplicationException(String msg, Exception e)  {
14.         super(msg, e);
15.     }
16.  }
```

| Listagem 4-11 | cap04\services\exception\MyException Mapper.java |
|---|---|

```java
1.   package cap04.services.exception;
2.
3.   import javax.ws.rs.core.Response;
4.   import javax.ws.rs.core.Response.Status;
5.   import javax.ws.rs.ext.ExceptionMapper;
6.   import javax.ws.rs.ext.Provider;
7.
8.   @Provider
9.   public class MyExceptionMapper implements ExceptionMapper<MyApplicationE
     xception>{
10.
11.      @Override
12.      public Response toResponse(MyApplicationException exception) {
13.
14.          System.out.println("NotFoundException");
15.
16.          return Response.status(Status.NOT _ FOUND)
17.                  .entity(exception.getMessage())
18.                  .type("text/plain;charset=UTF-8").build();
19.      }
20.  }
```

**214** Java RESTful na prática com JAX-RS

| Listagem 4-12 | cap04\WebContent\WEB-INF\web.xml |
|---|---|

```
1.   <?xml version="1.0" encoding="UTF-8"?>
2.   <web-app xmlns:xsi="http://www.w3.org/2001/XMLSchema-instance"
3.   xmlns="http://xmlns.jcp.org/xml/ns/javaee"
4.   xsi:schemaLocation="http://xmlns.jcp.org/xml/ns/javaee
5.   http://xmlns.jcp.org/xml/ns/javaee/web-app _ 3 _ 1.xsd"
6.   id="WebApp _ ID" version="3.1">
7.
8.      <display-name>cap04</display-name>
9.      <context-param>
10.        <param-name>resteasy.providers</param-name>
11.        <param-value>cap04.services.exception.MyExceptionMapper</
           param-value>
12.     </context-param>

13.  </web-app>
```

| Listagem 4-13 | cap04\model\Fruta.java |
|---|---|

```
1.   package cap04.model;
2.
3.   import javax.xml.bind.annotation.XmlAccessType;
4.   import javax.xml.bind.annotation.XmlAccessorType;
5.   import javax.xml.bind.annotation.XmlRootElement;
6.   import javax.xml.bind.annotation.XmlType;
7.
8.   @XmlRootElement(name="fruta")
9.   @XmlAccessorType(value = XmlAccessType.FIELD)
10.  @XmlType(propOrder = {"id", "nome", "preco", "qtd", "icone"})
```

```
11.    public class Fruta {
12.
13.        private int id;
14.        private String nome;
15.        private double preco;
16.        private int qtd;
17.
18.        private String icone;
19.
20.        public Fruta() {
21.            super();
22.        }
23.
24.        public Fruta(int id, String nome, double preco, int qtd, String icone){
25.            super();
26.            this.id = id;
27.            this.nome = nome;
28.            this.preco = preco;
29.            this.qtd = qtd;
30.            this.icone = icone;
31.        }
32.
33.        public int getId() {
34.            return id;
35.        }
36.        public void setId(int id) {
37.            this.id = id;
38.        }
39.        public String getNome() {
40.            return nome;
41.        }
42.        public void setNome(String nome) {
43.            this.nome = nome;
44.        }
```

**216** Java RESTful na prática com JAX-RS

```java
45.        public double getPreco() {
46.           return preco;
47.        }
48.        public void setPreco(double preco) {
49.           this.preco = preco;
50.        }
51.        public int getQtd() {
52.           return qtd;
53.        }
54.        public void setQtd(int qtd) {
55.           this.qtd = qtd;
56.        }
57.        public String getIcone() {
58.           return icone;
59.        }
60.        public void setIcone(String icone) {
61.           this.icone = icone;
62.        }
63.    }
```

| Listagem 4-14 | cap04\model\Estoque.java |
|---|---|

```java
1.     package cap04.model;
2.
3.     import java.util.Collection;
4.     import javax.xml.bind.annotation.XmlAccessType;
5.     import javax.xml.bind.annotation.XmlAccessorType;
6.     import javax.xml.bind.annotation.XmlElement;
7.     import javax.xml.bind.annotation.XmlRootElement;
8.
9.     @XmlRootElement(name = "estoque")
10.    @XmlAccessorType(value = XmlAccessType.FIELD)
```

Implementando Serviços RESTful **217**

```
11.    public class Estoque {
12.
13.        @XmlElement(name = "fruta")
14.        private Collection<Fruta> frutas;
15.
16.        public Estoque() {
17.            super();
18.        }
19.
20.        public Estoque(Collection<Fruta> frutas) {
21.            super();
22.            this.frutas = frutas;
23.        }
24.
25.        public Collection<Fruta> getFrutas() {
26.            return frutas;
27.        }
28.        public void setFrutas(Collection<Fruta> frutas) {
29.            this.frutas = frutas;
30.        }
31.    }
```

| Listagem 4-15 | cap04\services\EstoqueResource.java |
|---|---|

```
1.    package cap04.services;
2.
3.    import java.io.File;
4.    import java.io.IOException;
5.    import java.io.InputStream;
6.    import java.net.URI;
7.    import java.util.Map;
8.    import java.util.concurrent.ConcurrentHashMap;
```

**218** Java RESTful na prática com JAX-RS

```java
9.   import javax.ws.rs.FormParam;
10.  import javax.ws.rs.GET;
11.  import javax.ws.rs.POST;
12.  import javax.ws.rs.Path;
13.  import javax.ws.rs.PathParam;
14.  import javax.ws.rs.Produces;
15.  import javax.ws.rs.core.MediaType;
16.  import javax.ws.rs.core.Response;
17.  import javax.ws.rs.core.Response.ResponseBuilder;
18.  import javax.ws.rs.core.UriBuilder;
19.  import cap04.model.Estoque;
20.  import cap04.model.Fruta;
21.  import cap04.services.exception.MyApplicationException;
22.
23.  @Path("/estoque")
24.  public class EstoqueResource {
25.
26.      private int id = 1;
27.      private Map<Integer, Fruta> itens =
28.              new ConcurrentHashMap<Integer, Fruta>();
29.
30.      public EstoqueResource() {
31.          this.adicionaFrutas();
32.      }
33.
34.      @GET
35.      @Produces({MediaType.APPLICATION_XML, MediaType.APPLICATION_JSON})
36.      public Estoque getItens(){
37.          Estoque estoque = new Estoque(itens.values());
38.          return estoque;
39.      }
40.
41.      @GET
42.      @Path("{id}")
```

```
43.     @Produces({MediaType.APPLICATION_XML, MediaType.APPLICATION_JSON})
44.     public Response getItem(@PathParam("id") int id){
45.
46.         Fruta fruta = itens.get(id);
47.
48.         if(fruta == null){
49.             throw new MyApplicationException("Item não econtrado.");
50.         }
51.
52.         return Response.ok().entity(fruta).build();
53.     }
54.
55.     @POST
56.     @Produces(MediaType.APPLICATION_XML +";charset=UTF-8")
57.     public Response novoItem(
58.             @FormParam("nome") String nome,
59.             @FormParam("preco") double preco,
60.             @FormParam("qdt") int qtd,
61.             @FormParam("icone") String icone){
62.
63.         Fruta fruta = new Fruta(id++, nome, preco, qtd, icone);
64.         itens.put(fruta.getId(), fruta);
65.
66.         System.out.println("Item criado " + fruta.getId());
67.
68.         //Montagem da mensagem de resposta
69.         URI uri = UriBuilder.fromPath("estoque/{id}").build(fruta.getId());
70.         return Response.created(uri).entity(fruta).build();
71.
72.         //Também pode ser feita de uma forma mais direta
73.         //return Response.created(URI.create("/estoque/"+ fruta.getId()))
74.         //     .entity(fruta).build();
75.     }
76.
```

**220** Java RESTful na prática com JAX-RS

```java
77.    @GET
78.    @Path("/imagem/{id}")
79.    @Produces("image/png")
80.    public Response getImagem(@PathParam("id") int id) throws IOException
     {
81.
82.        Fruta fruta = itens.get(id);
83.
84.        if(fruta == null){
85.            throw new MyApplicationException("Item não econtrado.");
86.        }
87.
88.        //Localiza o arquivo dentro da pasta do projeto
89.        InputStream is = EstoqueResource.class
90.            .getResourceAsStream("/cap04/resources/"+ fruta.getIcone());
91.
92.        if (is == null)
93.            throw new MyApplicationException("Arquivo não encontrado.");
94.
95.        byte[] file = new byte[is.available()];
96.        is.read(file);
97.        is.close();
98.
99.        ResponseBuilder response = Response.ok((Object) file);
100.
101.        response.header("Content-Disposition",
102.            "attachment; filename="+ fruta.getIcone());
103.
104.        return response.build();
105.    }
106.
107.    @GET
108.    @Path("/arquivo/pdf")
109.    @Produces("application/pdf")
```

```
110.    public Response getPdf() {
111.
112.        String FILE_PATH = "d:\\arquivo.pdf";
113.
114.        File file = new File(FILE_PATH);
115.
116.        ResponseBuilder response = Response.ok((Object) file);
117.
118.        response.header("Content-Disposition",
119.            "attachment; filename=arquivo.pdf");
120.
121.    return response.build();
122.    }
123.
124.    //Simula uma consulta ao banco de dados
125.    private void adicionaFrutas(){
126.        Fruta f1 = new Fruta(id++, "Abacaxi", 3.20, 250, "abacaxi.png");
127.        Fruta f2 = new Fruta(id++, "Banana", 2.00, 200, "banana.png");
128.        Fruta f3 = new Fruta(id++, "Maçã", 5.50, 150, "maca.png");
129.        Fruta f4 = new Fruta(id++, "Melancia", 8.50, 50, "melancia.png");
130.        Fruta f5 = new Fruta(id++, "Morango", 6.50, 100, "morango.png");
131.        Fruta f6 = new Fruta(id++, "Uva", 9.50, 80, "uva.png");
132.
133.        itens.put(f1.getId(), f1);
134.        itens.put(f2.getId(), f2);
135.        itens.put(f3.getId(), f3);
136.        itens.put(f4.getId(), f4);
137.        itens.put(f5.getId(), f5);
138.        itens.put(f6.getId(), f6);
139.    }
140. }
```

**222** Java RESTful na prática com JAX-RS

| Listagem 4-16 | cap04\services\MyRESTApplication.java |

```java
1.    package cap04.services;
2.
3.    import java.util.HashSet;
4.    import java.util.Set;
5.    import javax.ws.rs.ApplicationPath;
6.    import javax.ws.rs.core.Application;
7.
8.    @ApplicationPath("/rest")
9.    public class MyRESTApplication extends Application{
10.
11.       private Set<Object> singletons = new HashSet<Object>();
12.
13.       public MyRESTApplication() {
14.          singletons.add(new EnderecoResource());
15.          singletons.add(new FuncionarioResource());
16.          singletons.add(new EstoqueResource());
17.       }
18.
19.       @Override
20.       public Set<Object> getSingletons() {
21.          return singletons;
22.       }
23.    }
```

| Listagem 4-17 | cap04\WebContent\verifica_imagem.html |
|---|---|

```
1.  <!DOCTYPE html>
2.  <html>
3.  <head>
4.  <title>Java RESTful - Cap04</title>
5.  </head>
6.  <body>
7.    <img src="http://127.0.0.1:8080/cap04/rest/estoque/imagem/1" />
8.  </body>
9.  </html>
```

- cap04
  - Deployment Descriptor: cap04
  - JAX-WS Web Services
  - Java Resources
    - src
      - cap04
        - model
          - enums
            - Status.java
          - Departamento.java
          - Endereco.java
          - Enderecos.java
          - Estoque.java
          - Fruta.java
          - Funcionario.java

# 224   Java RESTful na prática com JAX-RS

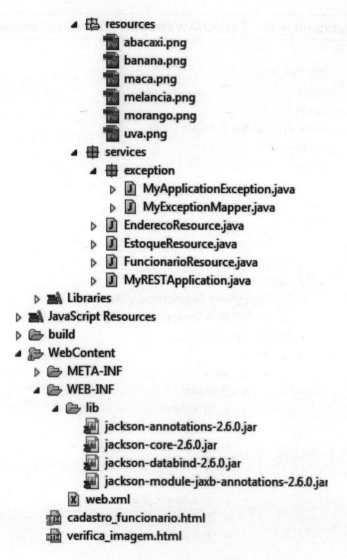

Figura 4-26 Estrutura do projeto

# CONCLUSÃO

Como você pode ter percebido ao decorrer deste capítulo, que após aprender a trabalhar com JAXB, implementar serviços utilizando a API JAX-RS se torna uma tarefa relativamente simples. E, ao aprender o conteúdo apresentado ao longo deste capítulo, esteja certo que você já é capaz de construir aplicações RESTful.

Neste capítulo, estudamos as principais funcionalidades existentes na API JAX-RS, sendo um dos pontos de destaque, a facilidade de implementação de serviços no formato JSON, utilizando as bibliotecas do framework Jackson.

# CAPÍTULO 5

INTRODUÇÃO — 231

**Criando o projeto RESTful cliente** — **231**

JAX-RS CLIENT — 235

**Implementando uma aplicação cliente** — **238**

**Consumindo serviços em diferentes formatos** — **239**

**PathParam** — **241**

**QueryParam** — **244**

**MatrixParam** — **245**

**FormParam** — **246**

**Colocando em prática XI** — **247**

**Interfaces de serviços** — **251**

**Colocando em prática XII** — **253**

RESTEASY CLIENT — 269

**Colocando em prática XIII** — **271**

APACHE HTTP CLIENT — 275

CONCLUSÃO — 280

# 5
## CAPÍTULO

# APLICAÇÕES
# CLIENTES RESTFUL

# INTRODUÇÃO

No capítulo anterior, você aprendeu a construir aplicações RESTFul que disponibilizam recursos por meio do protocolo HTTP. Neste capítulo, iremos concentrar nossos estudos na construção de aplicações clientes que consumirão os recursos disponibilizados pelas aplicações servidoras.

Na versão JAX-RS 2.0, uns dos principais pontos de melhoria, foi justamente a adição de uma API exclusiva para a construção de aplicações clientes RESTFul, que iremos estudá-la detalhadamente ao longo deste capítulo.

## Criando o projeto RESTful cliente

Antes de começarmos a implementar as aplicações clientes, iremos criar no Eclipse o projeto que utilizaremos ao longo deste capítulo, que não será um projeto padrão Java. Neste capítulo você aprenderá a trabalhar com projetos Maven com o objetivo de automatizar as importações das bibliotecas RESTful cliente.

A grande vantagem em utilizar um projeto Maven é que você não precisa procurar e baixar as bibliotecas que utilizará em seu projeto. Em vez disso, você adiciona, em um arquivo de configuração, as informações das bibliotecas que serão utilizadas. Feito isso, o Maven se incumbe de realizar automaticamente o carregamento dos arquivos para o seu projeto. E além de carregar as bibliotecas informadas, ele também carrega as bibliotecas dependentes, facilitando muito o trabalho do desenvolvedor. As figuras a seguir, mostram o passo a passo de criação do projeto Maven.

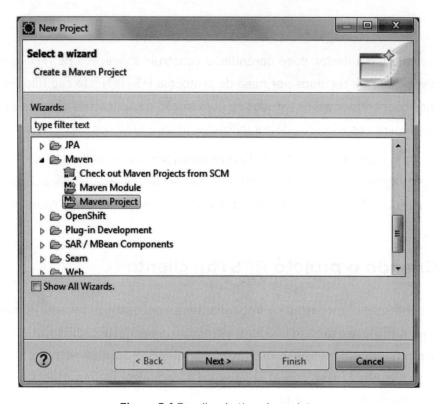

Figura 5-1 Escolha do tipo de projeto

Após escolher o tipo do projeto e clicar no botão "Next", é apresentada a tela do novo projeto Maven. Nessa tela, basta marcar a primeira opção para informar que iremos criar um projeto básico. Após marcar essa opção, basta clicar no botão "Next".

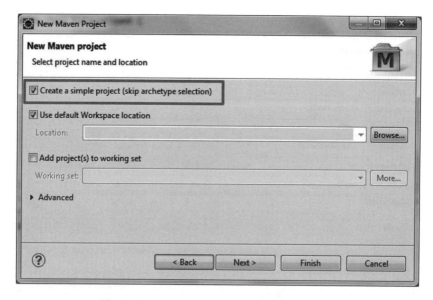

**Figura 5-2** Escolha do projeto básico Maven

Na tela seguinte, são realizadas as definições do domínio (Group Id), do nome do projeto (Artifact Id), com ele será empacotado (jar) e o nome do pacote. Feitas essas definições, basta clicar no botão "Finish".

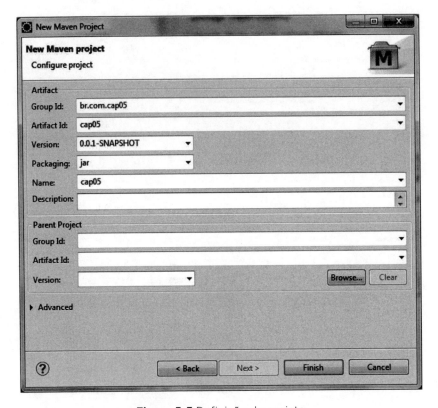

**Figura 5-3** Definição do projeto

Após clicar no botão "Finish", o projeto é criado com a mesma estrutura mostrada na Figura 5-4. Repare que na raiz do projeto também é criado o arquivo pom.xml. Nesse arquivo informamos as bibliotecas utilizadas pelo projeto.

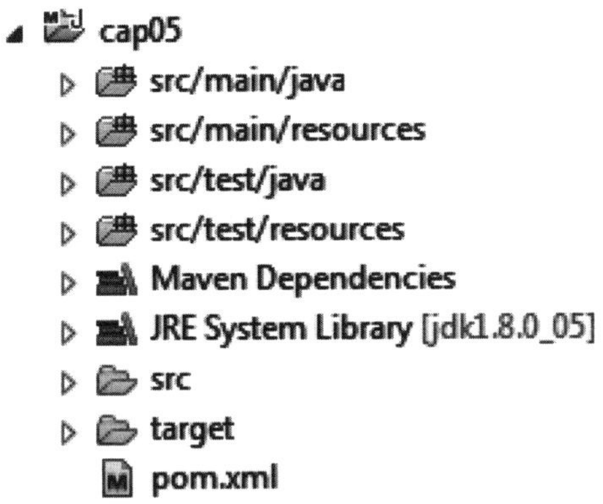

```
▲ 🖳 cap05
    ▷ 🎛 src/main/java
    ▷ 🎛 src/main/resources
    ▷ 🎛 src/test/java
    ▷ 🎛 src/test/resources
    ▷ 📕 Maven Dependencies
    ▷ 📕 JRE System Library [jdk1.8.0_05]
    ▷ 📁 src
    ▷ 📁 target
      📄 pom.xml
```

**Figura 5-4** Estrutura inicial do projeto cliente

• • • • • • • • • • • • • • • • • • • • • • • •

# JAX-RS CLIENT

Na versão JAX-RS 2.0 foi adicionada uma API específica para o desenvolvimento de aplicações clientes. JAX-RS Client API foi projetada para ser
capaz de acessar, de forma simples, recursos web utilizando o protocolo
HTTP. Além disso, essa API (client-side) é totalmente independente da
JAX-RS Server API (server-side).

Para utilizá-la é necessário abrir o arquivo de `pom.xml` e adicionar todas
as dependências do projeto, que em nosso caso são as bibliotecas do JAX-
-RS e as do RESTEasy.

**236** Java RESTful na prática com JAX-RS

A listagem 5-1 mostra o conteúdo do arquivo de configuração do Maven com a relação de todas as bibliotecas de dependências que usaremos.

| Listagem 5-1 | cap05\pom.xml |
|---|---|

```
1.  <project xmlns="http://maven.apache.org/POM/4.0.0"
2.  xmlns:xsi="http://www.w3.org/2001/XMLSchema-instance"
3.  xsi:schemaLocation="http://maven.apache.org/POM/4.0.0
4.  http://maven.apache.org/xsd/maven-4.0.0.xsd">
5.
6.      <modelVersion>4.0.0</modelVersion>
7.      <groupId>br.com.cap05</groupId>
8.      <artifactId>cap05</artifactId>
9.      <version>0.0.1-SNAPSHOT</version>
10.     <name>cap05</name>
11.
12.     <dependencies>
13.       <dependency>
14.         <groupId>org.jboss.resteasy</groupId>
15.         <artifactId>resteasy-jaxrs</artifactId>
16.         <version>3.0.11.Final</version>
17.       </dependency>
18.       <dependency>
19.         <groupId>org.jboss.resteasy</groupId>
20.         <artifactId>jaxrs-api</artifactId>
21.         <version>3.0.11.Final</version>
22.       </dependency>
23.       <dependency>
24.         <groupId>org.jboss.resteasy</groupId>
25.         <artifactId>resteasy-client</artifactId>
26.         <version>3.0.11.Final</version>
27.       </dependency>
28.       <dependency>
```

```
29.        <groupId>org.jboss.resteasy</groupId>
30.        <artifactId>resteasy-jaxb-provider</artifactId>
31.        <version>3.0.11.Final</version>
32.      </dependency>
33.      <dependency>
34.        <groupId>org.jboss.resteasy</groupId>
35.        <artifactId>resteasy-jackson-provider</artifactId>
36.        <version>3.0.11.Final</version>
37.      </dependency>
38.
39.    </dependencies>
40.  </project>
```

Após adicionar as dependências e clicar no botão salvar, o Maven automaticamente começa um processo de realização de download de todos as bibliotecas informadas no arquivo pom.xml e outras bibliotecas relacionadas. A Figura 5-5 mostra a estrutura do projeto após o Maven baixar todas as dependências.

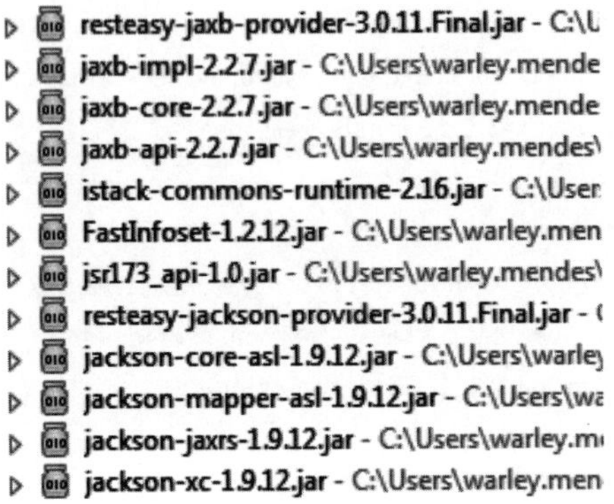

238  Java RESTful na prática com JAX-RS

- ▷ 🗃 resteasy-jaxb-provider-3.0.11.Final.jar - C:\U
- ▷ 🗃 jaxb-impl-2.2.7.jar - C:\Users\warley.mende
- ▷ 🗃 jaxb-core-2.2.7.jar - C:\Users\warley.mende
- ▷ 🗃 jaxb-api-2.2.7.jar - C:\Users\warley.mendes\
- ▷ 🗃 istack-commons-runtime-2.16.jar - C:\User
- ▷ 🗃 FastInfoset-1.2.12.jar - C:\Users\warley.men
- ▷ 🗃 jsr173_api-1.0.jar - C:\Users\warley.mendes\
- ▷ 🗃 resteasy-jackson-provider-3.0.11.Final.jar - (
- ▷ 🗃 jackson-core-asl-1.9.12.jar - C:\Users\warley
- ▷ 🗃 jackson-mapper-asl-1.9.12.jar - C:\Users\wa
- ▷ 🗃 jackson-jaxrs-1.9.12.jar - C:\Users\warley.m
- ▷ 🗃 jackson-xc-1.9.12.jar - C:\Users\warley.men

**Figura 5-5** Estrutura do projeto com as dependências

# Implementando uma aplicação cliente

Basicamente, uma aplicação RESTFul cliente utiliza três classes princi-pais: `Client`, `WebTarget`, e `Response`. A interface `Client` é o construtor de instâncias. A classe `WebTarget`, por sua vez, representa a URL de conexão com os serviços ou subserviços exposta pela aplicação servidora. A classe `Response` fornece as informações (recurso) obtidas dos serviços para a aplicação cliente.

O código a seguir, mostra a implementação de uma classe cliente que consome a informação de um item de estoque disponibilizada pela classe `EstoqueResource`, implementada no capítulo 04.

```java
public class EstoqueClient {

    public static void main(String[] args) {

        //Cria um objeto cliente
        Client client = ClientBuilder.newBuilder().build();

        //Realiza a conexão com o serviço
        WebTarget target = client.target("http://127.0.0.1:8080/cap04/rest/estoque/1");

        //Obtém o recurso disponibilizado  pela aplicação servidora
        Response response = target.request().get();

        //Converte a informação da resposta para objeto Java
        Fruta fruta = response.readEntity(Fruta.class);
        response.close();

        System.out.println(fruta.getId() +" -"+fruta.getNome());
    }
}
```

Ao analisar o código descrito anteriormente, você pode perceber que a implementação da classe cliente é muito simples, pois o framework realiza todo o trabalho de conexão HTTP com a aplicação servidora e ainda realiza automaticamente a conversão da mensagem recebida para objeto Java.

## Consumindo serviços em diferentes formatos

No capítulo anterior, mostramos que um serviço pode prover recursos em mais de um formato, como XML e JSON, ficando a cargo da aplicação cliente escolher o formado que prefere receber a informação. O código a seguir mostra a declaração do método getItem da classe EstoqueResource, implementada no capítulo 04, com dois tipos de mensagens de saída:

# 240 Java RESTful na prática com JAX-RS

```
@GET
@Path("{id}")
@Produces({MediaType.APPLICATION_XML, MediaType.APPLICATION_JSON})
public Response getItem(@PathParam("id") int id){
    ...
}
```

A configuração do formato mensagem recebida pela aplicação cliente é realizada atribuindo um parâmetro de MediaType no momento da requisição do serviço, como mostrado em destaque nos códigos a seguir:

```
public class EstoqueClient {
    public static void main(String[] args) {

        //Cria um objeto cliente
        Client client = ClientBuilder.newBuilder().build();

        //Realiza a conexão com o serviço
        WebTarget target = client.target("http://127.0.0.1:8080/cap04/rest/estoque/1");

        //Obtém o recurso no formato XML
        Response response = target.request(MediaType.APPLICATION_XML).get();

        //Converte a informação da resposta para objeto Java
        Fruta fruta = response.readEntity(Fruta.class);
        response.close();

        System.out.println(fruta.getId() +"-"+ fruta.getNome());
    }
}
```

Aplicações Clientes RESTful **241**

```java
public class EstoqueClient {
    public static void main(String[] args) {

        //Cria um o bjeto cliente
        Client client = ClientBuilder.newBuilder().build();

        //Realiza a conexão com o serviço
        WebTarget target = client.target("http://127.0.0.1:8080/cap04/rest/estoque/1");

        //Obtém o recurso no formato JSON
        Response response = target.request(MediaType.APPLICATION_JSON).get();

        //Converte a informação da resposta para objeto Java
        Fruta fruta = response.readEntity(Fruta.class);
        response.close();


        System.out.println(fruta.getId() +"-"+ fruta.getNome());
    }
}
```

# PathParam

No capítulo anterior, implementamos serviços nos quais definimos parâmetros para obter especificamente um recurso de uma lista.

```java
@GET
@Path("{id}")
@Produces({MediaType.APPLICATION_XML, MediaType.APPLICATION_JSON})
public Response getItem(@PathParam("id") int id){
    ...
}
```

**242** Java RESTful na prática com JAX-RS

Na aplicação cliente, a passagem de parâmetros pode ser realizada diretamente na URL informada no método `target`, como mostrado anteriormente, ou podemos utilizar o método `path` disponível também na classe `WebTarget`. O código a seguir, mostra, em destaque, como é realizada a passagem de parâmetros em uma solicitação:

```
public class EstoqueClient {
    public static void main(String[] args) {

        Client client = ClientBuilder.newBuilder().build();

        WebTarget target =
            client.target("http://127.0.0.1:8080/cap04/rest/estoque/")
            .path("1");

        Response response = target.request(MediaType.APPLICATION_JSON).get();
        Fruta fruta = response.readEntity(Fruta.class);
        response.close();

        System.out.println(fruta.getId() +"-"+ fruta.getNome());
    }
}
```

Caso seja de sua preferência, o código anterior pode ser implementado de maneira reduzida, como mostrado a seguir:

Aplicações Clientes RESTful  **243**

```java
public static void main(String[] args) {
    Client client = ClientBuilder.newBuilder().build();

    Res ponse response =
        client.target("http://127.0.0.1:8080/cap04/rest/estoque/")
        .path("1")
        .request(MediaType.APPLICATION_JSON).get();

    Fruta fruta = response.readEntity(Fruta.class);
    response.close();

    System.out.println(fruta.getId() +"-"+fruta.getNome());
}
```

Outra forma mais elegante de passagem de parâmetros em uma solicitação é a utilização do método resolveTemplate existente na classe WebTaget. A utilização desse método é feita da seguinte forma:

```java
public static void main(String[] args) {
    Client client = ClientBuilder.newBuilder().build();

    Response response =
        client.target("http://127.0.0.1:8080/cap04/rest/estoque/{id}")
        .resolveTemplate("id", 1)
        .request(MediaType.APPLICATION_JSON).get();

    Fruta fruta = response.readEntity(Fruta.class);
    response.close();

    System.out.println(fruta.getId() +" - "+ fruta.getNome());
}
```

**244** Java RESTful na prática com JAX-RS

# QueryParam

No capítulo anterior, também implementamos um serviço utilizando QueryParam para possibilizar a passagem de mais de um parâmetro na URL do serviços.

```
@GET
@Path("/funcionario")
@Produces(MediaType.APPLICATION_XML +";charset=UTF-8")
public Funcionario getFuncPorNome(
    @QueryParam("nome") String nome,
    @QueryParam("sobrenome") String sobrenome){
    ...
}
```

Na aplicação cliente, basta utilizar o método queryParam para enviar os valores dos parâmetros para a aplicação servidora. O código a seguir, mostra em destaque a utilização desse método:

```
public class FuncionarioClient {
    public static void main(String[] args) {
        Client client = ClientBuilder.newBuilder().build();

        Response response =
            client.target("http://127.0.0.1:8080/cap04/rest/funcionarios/funcionario")
            .queryParam("nome", "Lucas")
            .queryParam("sobrenome", "Barreto")
            .request().get();

        Funcionario func = response.readEntity(Funcionario.class);
        response.close();

        System.out.println(func.getId() +" "+ func.getNome());
    }
}
```

# MatrixParam

O envio de valor, utilizando MatrixParam, segue o mesmo formato mostrado na seção anterior, mas neste caso, os valores são passados utilizando o método matrixParam existente na classe WebTarget. Outro ponto importante em nosso próximo exemplo, é que o retorno do serviço é uma classe que contém uma lista de recursos do tipo Funcionário. O código a seguir, mostra a implementação da aplicação cliente em detalhes:

```
public class FuncionarioClient {
    public static void main(String[] args) {
        Client client = ClientBuilder.newBuilder().build();

        Response response =
            client.target("http://127.0.0.1:8080/cap04/rest/funcionarios/salario")
            .matrixParam("minimo", "2000")
            .matrixParam("maximo", "3000")
            .request().get();

        Departamento departamento = response.readEntity(Departamento.class);
        response.close();

        for(Funcionario func : departamento.getFuncionarios()){
            System.out.println(func.getId() +" "+ func.getNome());
        }
    }
}
```

**246** Java RESTful na prática com JAX-RS

# FormParam

Nas seções anteriores criamos aplicações clientes apenas para consumir recursos disponibilizados pela aplicação servidora. No entanto, também é possível utilizar uma aplicação cliente para criar um novo recurso. Para realizar essa ação, precisamos utilizar o método HTTP Post.

Mas, antes de implementarmos a aplicação cliente, iremos rever os parâmetros esperados pela aplicação servidora para a criação de um novo recurso:

```
@POST
@Produces(MediaType.APPLICATION_XML +";charset=UTF-8")
public Response novoItem(
    @FormParam("nome") String nome,
    @FormParam("preco") double preco,
    @FormParam("qdt") int qtd,
    @FormParam("icone") String icone){
    ...
}
```

Na implementação da aplicação cliente é necessário criar uma instância da classe Form para enviar os parâmetros para a aplicação servidora. Outro ponto importante, é o formato em que as informações são submetidas.

Ao submeter as informações, a aplicação servidora envia uma mensagem de resposta contendo o status da transação e o novo recurso criado. O código a seguir, mostra a implementação completa da aplicação cliente utilizada para a criação de um novo recurso no servidor:

Aplicações Clientes RESTful **247**

```java
public class EstoqueClient {
    public static void main(String[] args) {
        Client client = ClientBuilder.newBuilder().build();

        //Utilização de PostParam para criar um novo recurso
        WebTarget target = client.target("http://127.0.0.1:8080/cap04/rest/estoque");
        Form form = new Form();
        form.param("nome", "Goiaba");
        form.param("preco", "2");
        form.param("qdt", "50");
        form.param("icone", "teste.png");

        Response response =
            target.request()
            .post(Entity.entity(form, MediaType.APPLICATION_FORM_URLENCODED_TYPE));



        //Verifica o código de status da resposta
        if(response.getStatus() == Status.CREATED.getStatusCode()){
            Fruta novaFruta = response.readEntity(Fruta.class);

            System.out.println("Cria do: "+ novaFruta.getNome());
        }
    }
}
```

# Colocando em prática XI

Nesta seção, iremos implementar duas aplicações clientes que obtêm informações dos serviços implementados no capítulo anterior. Para realizar testes nas aplicações clientes, é necessário que as aplicações servidoras estejam on-line, isto é, que o servidor de aplicação esteja inicializado.

## 248  Java RESTful na prática com JAX-RS

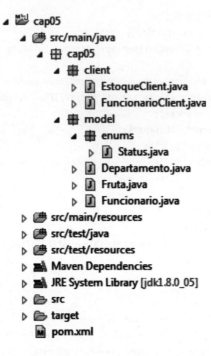

**Figura 5-6** Estrutura do projeto

A Figura 5-6 mostra a estrutura do projeto. No pacote model, iremos utilizar as mesmas classes criadas no capítulo anterior. Basta copiá-las e adicioná-las ao projeto. Para evitarmos repetição, não iremos mostrar o código de implementação dessas classes nessa seção. As listagens a seguir, mostram os códigos necessários para as implementações das classes clientes.

| Listagem 5-2 | cap05\client\EstoqueClient.java |
|---|---|

```
1.  package cap05.client;
2.
3.  import javax.ws.rs.client.Client;
```

Aplicações Clientes RESTful **249**

```java
4.    import javax.ws.rs.client.ClientBuilder;
5.    import javax.ws.rs.client.Entity;
6.    import javax.ws.rs.client.WebTarget;
7.    import javax.ws.rs.core.Form;
8.    import javax.ws.rs.core.MediaType;
9.    import javax.ws.rs.core.Response;
10.   import javax.ws.rs.core.Response.Status;
11.   import cap05.model.Fruta;
12.
13.   public class EstoqueClient {
14.      public static void main(String[] args) {
15.          Client client = ClientBuilder.newBuilder().build();
16.
17.          //Obtem um recurso pelo identificador
18.          Response response =
19.             client.target("http://127.0.0.1:8080/cap04/rest/estoque/{id}")
20.             .resolveTemplate("id", 1)
21.             .request(MediaType.APPLICATION_JSON).get();
22.
23.          Fruta fruta = response.readEntity(Fruta.class);
24.          System.out.println(fruta.getId() +" - "+ fruta.getNome());
25.          response.close();
26.
27.          //Utilização de PostParam para criar um novo recurso
28.          WebTarget target = client.target("http://127.0.0.1:8080/cap04/rest
             /estoque");
29.          Form form = new Form();
30.          form.param("nome", "Goiaba");
31.          form.param("preco", "2");
32.          form.param("qdt", "50");
33.          form.param("icone", "teste.png");
34.
35.          response =
36.             target.request()
```

**250** Java RESTful na prática com JAX-RS

```
37.            .post(Entity.entity(form, MediaType.APPLICATION _ FORM _
               URLENCODED _ TYPE));
38.
39.        //Verifica o código de status da resposta
40.        if(response.getStatus() == Status.CREATED.getStatusCode()){
41.            Fruta novaFruta = response.readEntity(Fruta.class);
42.
43.            System.out.println("Criado: "+ novaFruta.getNome());
44.        }
45.    }
46. }
```

| Listagem 5-3 | cap05\client\FuncionarioClient.java |
|---|---|

```
1.  package cap05.client;
2.
3.  import javax.ws.rs.client.Client;
4.  import javax.ws.rs.client.ClientBuilder;
5.  import javax.ws.rs.core.Response;
6.  import cap05.model.Departamento;
7.  import cap05.model.Funcionario;
8.
9.  public class FuncionarioClient {
10.     public static void main(String[] args) {
11.         Client client = ClientBuilder.newBuilder().build();
12.
13.         //Utilização de QueryParam
14.         Response response =
15.             client.target("http://127.0.0.1:8080/cap04/rest/funcionarios
                /funcionario")
16.                 .queryParam("nome", "Lucas")
17.                 .queryParam("sobrenome", "Barreto")
18.                 .request().get();
```

Aplicações Clientes RESTful **251**

```
19.
20.        Funcionario funcionario = response.readEntity(Funcionario.class);
21.        response.close();
22.
23.        System.out.println(funcionario.getId() +" "+ funcionario.getNome());
24.
25.
26.        //Utilização de MatrixParam
27.        response =
28.          client.target("http://127.0.0.1:8080/cap04/rest/funcionarios
               /salario")
29.              .matrixParam("minimo", "2000")
30.              .matrixParam("maximo", "3000")
31.              .request().get();
32.
33.        Departamento departamento = response.readEntity(Departamento.
           class);
34.        response.close();
35.
36.        for(Funcionario func : departamento.getFuncionarios()){
37.            System.out.println(func.getId() +" "+ func.getNome());
38.        }
39.    }
40. }
```

# Interfaces de serviços

A utilização de interfaces é muito comum em desenvolvimento de projetos Java devido às inúmeras vantagens que oferecem, principalmente por forçar a implementação dos métodos declarados.

**252** Java RESTful na prática com JAX-RS

Na implementação de aplicações RESTful não é diferente, a utilização de interfaces torna a codificação muito mais organizada, clara e de fácil manutenção. Principalmente, pelo fato de todas as anotações existentes no JAX-RS poderem ser adicionadas diretamente na interface ao invés de serem declaradas nas classes de serviços, eliminando consideravelmente o excesso de código em um mesmo lugar. O fragmento de código a seguir, mostra que uma interface é utilizada na construção de aplicações RESTful:

```
@Path("/filme")
public interface FilmeResource {

    @GET
    @Path("/{id}")
    @Produces({MediaType.APPLICATION_XML, MediaType.APPLICATION_JSON})
    Response getFilme(final @PathParam("id") int id);
}

public class FilmeResourceImpl implements FilmeResource{

    public Response getFilme(final int id){
        Filme filme = dao.getFilmes().get(id);

        if(filme == null){
            throw new MyApplicationException("Item não econtrado.");
        }
        return Response.ok().entity(filme).build();
    }
}
```

Repare que nenhuma anotação foi adicionada à classe `FilmeResourceImpl`. Em relação às chamadas dos serviços, elas são realizadas da mesma forma que utilizamos nas seções anteriores ao longo deste livro. A seguir, é mostrado a URL do serviço criado no código anterior: `http://localhost:8080/cap05-web/rest/filme/2`

## Colocando em prática XII

Até o presente momento, utilizamos apenas os métodos HTTP Get e HTTP Post em nossos exemplos. Nesta seção, iremos implementar uma aplicação RESTful que realiza as operações de listagem, criação, consulta, alteração e exclusão de recursos, simulando uma tela de cadastro.

Este exemplo será dividido em dois projetos distintos: um projeto web e um cliente. A aplicação servidora será implementada utilizando interfaces de serviços, que conterá todas as anotações necessárias para a criação e publicação de serviços REST.

A aplicação cliente ficará responsável por enviar as informações para a criação de um novo recurso e também de alteração e exclusão de recursos existentes.

A Figura 5-7 mostra a estrutura do projeto web, que deve ser criado conforme mostrado no capítulo 04. As listagens a seguir, mostram os códigos de implementação de todas as classes contidas nesse projeto.

**254** Java RESTful na prática com JAX-RS

```
▲ ⊞ services
    ▲ ⊞ exception
        ▷ 🗾 MyApplicationException.java
        ▷ 🗾 MyExceptionMapper.java
    ▲ ⊞ impl
        ▷ 🗾 FilmeResourceImpl.java
    ▷ 🗾 FilmeResource.java
    ▷ 🗾 MyRESTApplication.java
▷ ■ Libraries
▷ ■ JavaScript Resources
▷ ▷ build
▲ ▷ WebContent
    ▷ ▷ META-INF
    ▲ ▷ WEB-INF
        ▷ lib
        ▷ 🗾 web.xml
```

**Figura 5-7** Estrutura do projeto web

| Listagem 5-4 | cap05\model\Filme.java |
|---|---|

```java
1.    package cap05.model;
2.
3.    import javax.xml.bind.annotation.XmlAccessType;
4.    import javax.xml.bind.annotation.XmlAccessorType;
5.    import javax.xml.bind.annotation.XmlRootElement;
6.
7.    @XmlRootElement(name = "filme")
8.    @XmlAccessorType(value = XmlAccessType.FIELD)
9.    public class Filme {
10.
11.       private int id;
12.       private String titulo;
13.       private String gernero;
14.
```

Aplicações Clientes RESTful **255**

```java
15.     public int getId() {
16.         return id;
17.     }
18.     public void setId(int id) {
19.         this.id = id;
20.     }
21.     public String getTitulo() {
22.         return titulo;
23.     }
24.     public void setTitulo(String titulo) {
25.         this.titulo = titulo;
26.     }
27.     public String getGernero() {
28.         return gernero;
29.     }
30.     public void setGernero(String gernero) {
31.         this.gernero = gernero;
32.     }
33. }
```

| Listagem 5-5 | cap05\model\Acervo.java |
|---|---|

```java
1.   package cap05.model;
2.
3.   import java.util.Collection;
4.   import javax.xml.bind.annotation.XmlAccessType;
5.   import javax.xml.bind.annotation.XmlAccessorType;
6.   import javax.xml.bind.annotation.XmlElement;
7.   import javax.xml.bind.annotation.XmlRootElement;
8.
9.   @XmlRootElement(name = "acervo")
10.  @XmlAccessorType(value = XmlAccessType.FIELD)
```

**256** Java RESTful na prática com JAX-RS

```java
11.    public class Acervo {
12.
13.       @XmlElement(name = "filme")
14.       private Collection<Filme> filmes;
15.
16.       public Acervo() {
17.         super();
18.       }
19.
20.       public Acervo(Collection<Filme> filmes) {
21.         super();
22.         this.filmes = filmes;
23.       }
24.
25.       public Collection<Filme> getFilmes() {
26.         return filmes;
27.       }
28.
29.       public void setFilmes(Collection<Filme> filmes) {
30.             this.filmes = filmes;
31.       }
32.    }
```

| Listagem 5-6 | cap05\dao\FilmeDAO.java |
| --- | --- |

```java
1.    package cap05.dao;
2.
3.    import java.util.Map;
4.    import java.util.concurrent.ConcurrentHashMap;
5.    import cap05.model.Filme;
6.
7.    public class FilmeDAO {
```

Aplicações Clientes RESTful **257**

```
8.
9.       private int id = 1;
10.      private Map<Integer, Filme> filmes
11.          = new ConcurrentHashMap<Integer, Filme>();
12.
13.      public Map<Integer, Filme> getFilmeDAO() {
14.          return filmes;
15.      }
16.
17.      public void addFilmes(){
18.          Filme filme = new Filme();
19.      filme.setId(id);
20.      filme.setTitulo("O Senhor dos Anéis: A Sociedade dos Aneis");
21.      filme.setGernero("Ação");
22.      filmes.put(id++, filme);
23.
24.      filme = new Filme();
25.      filme.setId(id);
26.      filme.setTitulo("O Senhor dos Anéis: As Duas Torres");
27.      filme.setGernero("Ação");
28.      filmes.put(id++, filme);
29.
30.          filme = new Filme();
31.          filme.setId(id);
32.          filme.setTitulo("O Senhor dos Anéis: O Retorno do Rei");
33.          filme.setGernero("Ação");
34.          filmes.put(id++, filme);
35.
36.          filme = new Filme();
37.          filme.setId(id);
38.          filme.setTitulo("O Hobbit: Uma jornada Inesperada");
39.          filme.setGernero("Ação");
40.          filmes.put(id++, filme);
41.
```

**258** Java RESTful na prática com JAX-RS

```java
42.          filme = new Filme();
43.          filme.setId(id);
44.          filme.setTitulo("O Hobbit: A Desolação de Smaug");
45.      filme.setGernero("Ação");
46.      filmes.put(id++, filme);
47.    }
48.    public void put(Filme filme){
49.        filme.setId(id);
50.        filmes.put(id++, filme);
51.    }
52.    public void put(Integer id, Filme filme){
53.        filmes.put(id, filme);
54.    }
55.    public Map<Integer, Filme> getFilmes() {
56.        return filmes;
57.    }
58. }
```

| Listagem 5-7 | cap05\services\exception\MyApplication Exception.java |
| --- | --- |

```java
1.    package cap05.services.exception;
2.
3.    public class MyApplicationException extends RuntimeException{
4.
5.        private static final long serialVersionUID = 1L;
6.
7.        public MyApplicationException() {
8.           super();
9.        }
10.       public MyApplicationException(String msg)    {
11.          super(msg);
```

Aplicações Clientes RESTful **259**

```
12.    }
13.    public MyApplicationException(String msg, Exception e) {
14.        super(msg, e);
15.    }
16.  }
```

| Listagem 5-8 | cap05\services\exception\MyException Mapper.java |
| --- | --- |

```
1.  package cap05.services.exception;
2.
3.  import javax.ws.rs.core.Response;
4.  import javax.ws.rs.core.Response.Status;
5.  import javax.ws.rs.ext.ExceptionMapper;
6.  import javax.ws.rs.ext.Provider;
7.
8.  @Provider
9.  public class MyExceptionMapper implements ExceptionMapper<MyApplication
    Exception>{
10.
11.     @Override
12.     public Response toResponse(MyApplicationException exception) {
13.
14.         System.out.println("NotFoundException");
15.
16.         return Response.status(Status.NOT _ FOUND)
17.             .entity(exception.getMessage())
18.             .type("text/plain;charset=UTF-8").build();
19.     }
20.  }
```

**260** Java RESTful na prática com JAX-RS

| Listagem 5-9 | cap05\services\FilmeResource.java |
|---|---|

```
1.   package cap05.services;
2.
3.   import javax.ws.rs.Consumes;
4.   import javax.ws.rs.DELETE;
5.   import javax.ws.rs.GET;
6.   import javax.ws.rs.POST;
7.   import javax.ws.rs.PUT;
8.   import javax.ws.rs.Path;
9.   import javax.ws.rs.PathParam;
10.  import javax.ws.rs.Produces;
11.  import javax.ws.rs.core.MediaType;
12.  import javax.ws.rs.core.Response;
13.  import cap05.model.Filme;
14.
15.  @Path("/filme")
16.  public interface FilmeResource {
17.
18.      @GET
19.      @Produces({MediaType.APPLICATION_XML, MediaType.APPLICATION_JSON})
20.      Response getAcervo();
21.
22.      @GET
23.      @Path("/{id}")
24.      @Produces({MediaType.APPLICATION_XML, MediaType.APPLICATION_JSON})
25.      Response getFilme(final @PathParam("id") int id);
26.
27.      @POST
28.      @Consumes({MediaType.APPLICATION_XML, MediaType.APPLICATION_JSON})
29.      @Produces({MediaType.APPLICATION_XML, MediaType.APPLICATION_JSON})
30.      Response novoFilme(Filme filme);
31.
```

Aplicações Clientes RESTful **261**

```
32.    @PUT
33.    @Consumes({MediaType.APPLICATION_XML, MediaType.APPLICATION_JSON})
34.     @Produces({MediaType.APPLICATION_XML, MediaType.APPLICATION_JSON})
35.     Response alteraFilme(Filme filme);
36.
37.    @DELETE
38.    @Path("/{id}")
39.    @Produces({MediaType.APPLICATION_XML, MediaType.APPLICATION_JSON})
40.     Response excluiFilme(final @PathParam("id") int id);
41.  }
```

| Listagem 5-10 | cap05\services\impl\FilmeResourceImpl.java |
|---|---|

```
1.    package cap05.services.impl;
2.
3.    import java.net.URI;
4.    import javax.ws.rs.core.Response;
5.    import javax.ws.rs.core.UriBuilder;
6.    import cap05.dao.FilmeDAO;
7.    import cap05.model.Acervo;
8.    import cap05.model.Filme;
9.    import cap05.services.FilmeResource;
10.   import cap05.services.exception.MyApplicationException;
11.
12.   public class FilmeResourceImpl implements FilmeResource{
13.
14.     FilmeDAO dao = new FilmeDAO();
15.
16.     public FilmeResourceImpl(){
17.       dao.addFilmes();
18.     }
```

**262** Java RESTful na prática com JAX-RS

```java
19.
20.     public Response getAcervo() {
21.       Acervo acervo = new Acervo(dao.getFilmes().values());
22.
23.       return Response.ok().entity(acervo).build();
24.     }
25.
26.     public Response getFilme(final int id){
27.
28.         Filme filme = dao.getFilmes().get(id);
29.
30.       if(filme == null){
31.             throw new MyApplicationException("Item não econtrado.");
32.         }
33.
34.         return Response.ok().entity(filme).build();
35.     }
36.
37.     public Response novoFilme(Filme filme){
38.
39.       Filme f = new Filme();
40.       f.setTitulo(filme.getTitulo());
41.       f.setGernero(filme.getGernero());
42.       dao.put(f);
43.
44.       //Montagem da mensagem de resposta
45.       URI uri = UriBuilder.fromPath("filme/{id}").build(f.getId());
46.         return Response.created(uri).entity(f).build();
47.     }
48.
49.     public Response alteraFilme(Filme filme){
50.
51.       Filme f = dao.getFilmes().get(filme.getId());
52.
```

Aplicações Clientes RESTful **263**

```java
53.        if(f == null){
54.            throw new MyApplicationException("Item não econtrado.");
55.        }
56.
57.        dao.put(filme.getId(), filme);
58.
59.        return Response.ok().entity(filme).build();
60.    }
61.
62.    public Response excluiFilme(final int id) {
63.
64.        dao.getFilmes().remove(id);
65.
66.        return Response.ok().build();
67.    }
68. }
```

| Listagem 5-11 | cap05\services\MyRESTApplication.java |
|---|---|

```java
1package cap05.services;
69.
70.    import java.util.HashSet;
71.    import java.util.Set;
72.    import javax.ws.rs.ApplicationPath;
73.    import javax.ws.rs.core.Application;
74.    import cap05.services.impl.FilmeResourceImpl;
75.
76.    @ApplicationPath("/rest")
77.    public class MyRESTApplication extends Application{
78.
79.        private Set<Object> singletons = new HashSet<Object>();
80.
```

**264** Java RESTful na prática com JAX-RS

```
81.     public MyRESTApplication() {
82.         singletons.add(new FilmeResourceImpl());
83.     }
84.
85.     @Override
86.     public Set<Object> getSingletons() {
87.         return singletons;
88.     }
89. }
```

| Listagem 5-12 | cap05\WebContent\web.xml |
| --- | --- |

```
1.  <?xml version="1.0" encoding="UTF-8"?>
2.  <web-app xmlns:xsi="http://www.w3.org/2001/XMLSchema-instance"
3.  xmlns="http://xmlns.jcp.org/xml/ns/javaee"
4.  xsi:schemaLocation="http://xmlns.jcp.org/xml/ns/javaee
5.  http://xmlns.jcp.org/xml/ns/javaee/web-app_3_1.xsd"
6.  id="WebApp_ID" version="3.1">
7.
8.      <display-name>cap05-web</display-name>
9.
10.     <context-param>
11.         <param-name>resteasy.providers</param-name>
12.         <param-value>cap05.services.exception.MyExceptionMapper</
            param-value>
13.     </context-param>
14. </web-app>
```

A Figura 5-8 mostra a estrutura do projeto cliente. As classes Filme e Acervos são iguais as mostradas nas listagens 5-4 e 5-5, por isso não iremos repeti-las. A Listagem 5-13 mostra o código de implementação da aplicação cliente.

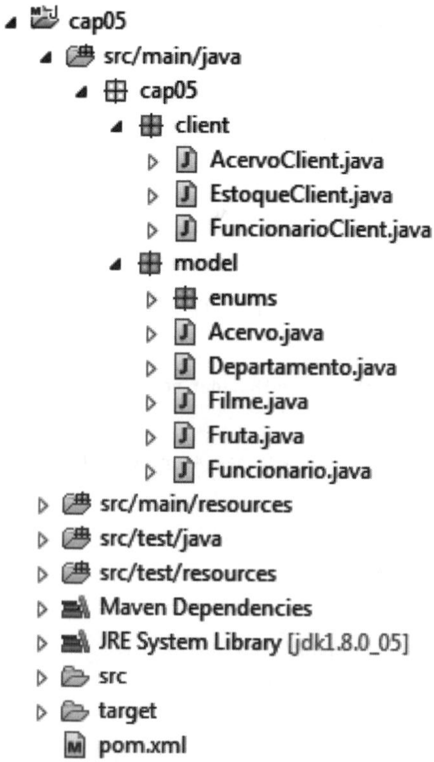

Aplicações Clientes RESTful **265**

- ▲ 🖼️ cap05
  - ▲ 📦 src/main/java
    - ▲ ⊞ cap05
      - ▲ ⊞ client
        - ▷ 🗾 AcervoClient.java
        - ▷ 🗾 EstoqueClient.java
        - ▷ 🗾 FuncionarioClient.java
      - ▲ ⊞ model
        - ▷ ⊞ enums
        - ▷ 🗾 Acervo.java
        - ▷ 🗾 Departamento.java
        - ▷ 🗾 Filme.java
        - ▷ 🗾 Fruta.java
        - ▷ 🗾 Funcionario.java
  - ▷ 📦 src/main/resources
  - ▷ 📦 src/test/java
  - ▷ 📦 src/test/resources
  - ▷ 🗏 Maven Dependencies
  - ▷ 🗏 JRE System Library [jdk1.8.0_05]
  - ▷ 📂 src
  - ▷ 📂 target
    - 🅼 pom.xml

**Figura 5-8** Estrutura do projeto cliente

| Listagem 5-13 | cap05\client\AcervoClient.java |
| --- | --- |

```
1.   package cap05.client;
2.
3.   import javax.ws.rs.client.Client;
4.   import javax.ws.rs.client.ClientBuilder;
5.   import javax.ws.rs.client.Entity;
6.   import javax.ws.rs.core.MediaType;
7.   import javax.ws.rs.core.Response;
```

# 266 Java RESTful na prática com JAX-RS

```java
8.    import cap05.model.Acervo;
9.    import cap05.model.Filme;
10.
11.   public class AcervoClient {
12.
13.       public static final String URL = "http://127.0.0.1:8080/cap05-web/
          rest/filme";
14.
15.       public static void main(String[] args) {
16.
17.           Client client = ClientBuilder.newBuilder().build();
18.
19.           AcervoClient cliente = new AcervoClient();
20.
21.           System.out.println("==== GET ====");
22.           cliente.getAcervo(client);
23.
24.           System.out.println("==== GET ====");
25.           cliente.getFilme(client);
26.
27.           System.out.println("==== POST ====");
28.           cliente.novoFilme(client);
29.
30.           System.out.println("==== PUT ====");
31.           cliente.alteraFilme(client);
32.
33.           System.out.println("==== DELETE ====");
34.           cliente.excluiFilme(client);
35.
36.           System.out.println("==== GET ====");
37.           cliente.getAcervo(client);
38.       }
39.
40.       //Obtém a lista de todos os filmes
```

Aplicações Clientes RESTful **267**

```java
41.      public void getAcervo(Client client){
42.          Response response = client.target(URL)
43.              .request()
44.              .get();
45.
46.          if (response.getStatus() == Response.Status.OK.getStatusCode()) {
47.              Acervo acervo = response.readEntity(Acervo.class);
48.
49.              for(Filme filme : acervo.getFilmes()){
50.                  System.out.println(filme.getId() +" - "+ filme.getTitulo());
51.              }
52.      }
53.          response.close();
54.      }
55.
56.      //Obtém um filme pelo código
57.      public void getFilme(Client client){
58.          Response response = client.target(URL)
59.              .path("/{id}")
60.              .resolveTemplate("id", 2)
61.              .request()
62.              .get();
63.
64.          if (response.getStatus() == Response.Status.OK.getStatusCode()){
65.              Filme filme = response.readEntity(Filme.class);
66.
67.          System.out.println(filme.getId() +" - "+ filme.getTitulo());
68.          }
69.          response.close();
70.      }
71.
72.      //Adiciona um novo filme
73.      public void novoFilme(Client client){
74.
```

**268** Java RESTful na prática com JAX-RS

```java
75.         Filme f = new Filme();
76.         f.setTitulo("O Hobbit: A Batalha dos Cinco Exércitos");
77.         f.setGernero("Ação");
78.
79.         Response response = client.target(URL)
80.             .request()
81.             .post(Entity.entity(f, MediaType.APPLICATION_XML));
82.
83.         if (response.getStatus() == Response.Status.CREATED.getStatus
            Code()){
84.             Filme filme = response.readEntity(Filme.class);
85.
86.             System.out.println(filme.getId() +" - "+ filme.getTitulo());
87.         }
88.         response.close();
89.     }
90.
91.     //Atera um filme existente
92.     public void alteraFilme(Client client){
93.
94.         Filme f = new Filme();
95.         f.setId(1);
96.         f.setTitulo("Divertida Mente");
97.         f.setGernero("Animação");
98.
99.         Response response = client.target(URL)
100.            .request()
101.            .put(Entity.entity(f, MediaType.APPLICATION_XML));
102.
103.        if (response.getStatus() == Response.Status.OK.getStatusCode()) {
104.            Filme filme = response.readEntity(Filme.class);
105.
106.            System.out.println(filme.getId() +" - "+ filme.getTitulo());
107.        }
```

Aplicações Clientes RESTful **269**

```
108.        response.close();
109.    }
110.
111.    //Exclui um filme da lista
112.    public void excluiFilme(Client client){
113.
114.        Response response = client.target(URL)
115.            .path("/{id}")
116.            .resolveTemplate("id", 1)
117.            .request()
118.            .delete();
119.
120.        if (response.getStatus() == Response.Status.OK.getStatusCode()) {
121.            System.out.println("Filme excluído com sucesso");
122.        }
123.        response.close();
124.    }
125. }
```

● ● ● ● ● ● ● ● ● ● ● ● ● ● ● ● ● ● ● ● ● ● ● ●

# RESTEASY CLIENT

O RESTEasy Client é a implementação da JAX-RS Client API e faz parte
do framework RESTEasy. Este framework é muito utilizado na implementação de aplicações RESTful clientes que basicamente oferece todas as

**270** Java RESTful na prática com JAX-RS

funcionalidades vistas ao longo deste capítulo, no entanto possui alguns pontos de melhoria.

Na seção anterior, nós utilizamos uma interface na aplicação servidora para criarmos a classe de serviço. A grande vantagem na utilização do RESTEasy Client é que você também pode utilizar a mesma interface da classe servidora na implementação da aplicação cliente. Antes de entrarmos em mais detalhes, veja um exemplo de como implementar uma aplicação cliente utilizando o framework RESTEasy:

```
@Path("/filme")
public interface FilmeResource {

    @GET
    @Path("/{id}")
    @Produces({MediaType.APPLICATION_XML, MediaType.APPLICATION_JSON})
    Response getFilme(final @PathParam("id") int id);
}

public class FilmeResourceImpl implements FilmeResource{

    public Response getFilme(final int id){
        Filme filme = dao.getFilmes().get(id);

        if(filme == null){
            throw new MyApplicationException("Item não econtrado.");
        }
        return Response.ok().entity(filme).build();
    }
}
```

Ao analisar o código acima, repare que na URL informada, no método **target,** não possui o endereço do serviço que estamos consultando. Essa informação é desnecessária pelo fato do framework RESTEasy possibilitar os acessos aos serviços diretamente por meio dos métodos declarados na interface `FilmeResource`. O método invocado da interface é traduzido para uma solicitação HTTP baseada em como você anotou e dispara uma solicitação para a aplicação servidora, que também possui uma interface similar.

## Colocando em prática XIII

Para consolidar a utilização do framework RESTEasy na construção de aplicações clientes, iremos reescrever o código da classe `AcervoClient` utilizando os recursos aprendidos nesta seção.

A Figura 5-9 mostra a estrutura do projeto. Repare que foi adicionado um pacote de services e dentro desse pacote foi adicionado a interface FilmeResource criada anteriormente (Listagem 5-9). A Listagem 5-14 mostra o código completo para a implementação da aplicação.

**Figura 5-9** Estrutura do projeto cliente

**272** Java RESTful na prática com JAX-RS

| Listagem 5-14 | cap05\client\FilmeResourceClient.java |
|---|---|

```
1.   package cap05.client;
2.
3.   import javax.ws.rs.core.Response;
4.   import org.jboss.resteasy.client.jaxrs.ResteasyClient;
5.   import org.jboss.resteasy.client.jaxrs.ResteasyClientBuilder;
6.   import org.jboss.resteasy.client.jaxrs.ResteasyWebTarget;
7.   import cap05.model.Acervo;
8.   import cap05.model.Filme;
9.   import cap05.services.FilmeResource;
10.
11.  public class FilmeResourceClient {
12.      public static final String URL = "http://127.0.0.1:8080/cap05-web/rest";
13.
14.      public static void main(String[] args) {
15.          FilmeResourceClient cliente = new FilmeResourceClient();
16.
17.          ResteasyClient client = new ResteasyClientBuilder().build();
18.          ResteasyWebTarget target = client.target(URL);
19.
20.          FilmeResource service = target.proxy(FilmeResource.class);
21.
22.          System.out.println("==== GET ====");
23.          cliente.getAcervo(service);
24.
25.          System.out.println("==== GET ====");
26.          cliente.getFilme(service);
27.
28.          System.out.println("==== POST ====");
29.          cliente.novoFilme(service);
30.
31.          System.out.println("==== PUT ====");
```

Aplicações Clientes RESTful **273**

```java
32.          cliente.alteraFilme(service);
33.
34.          System.out.println("==== DELETE ====");
35.          cliente.excluiFilme(service);
36.
37.          System.out.println("==== GET ====");
38.          cliente.getAcervo(service);
39.      }
40.
41.      //Obtém a lista de todos os filmes
42.      public void getAcervo(FilmeResource service){
43.          Response response = service.getAcervo();
44.
45.          if (response.getStatus() == Response.Status.OK.getStatusCode()) {
46.              Acervo acervo = response.readEntity(Acervo.class);
47.
48.              for(Filme filme : acervo.getFilmes()){
49.                  System.out.println(filme.getId() +" - "+ filme.getTitulo());
50.              }
51.          }
52.          response.close();
53.      }
54.
55.      //Obtém um filme pelo código
56.      public void getFilme(FilmeResource service){
57.          Response response = service.getFilme(2);
58.
59.          if (response.getStatus() == Response.Status.OK.getStatusCode()){
60.              Filme filme = response.readEntity(Filme.class);
61.
62.              System.out.println(filme.getId() +" - "+ filme.getTitulo());
63.          }
64.          response.close();
65.      }
```

**274** Java RESTful na prática com JAX-RS

```
66.
67.     //Adiciona um novo filme
68.     public void novoFilme(FilmeResource service){
69.
70.         Filme f = new Filme();
71.         f.setTitulo("O Hobbit: A Batalha dos Cinco Exércitos");
72.         f.setGernero("Ação");
73.
74.         Response response = service.novoFilme(f);
75.
76.         if (response.getStatus() == Response.Status.CREATED.getStatusCode())
    {
77.             Filme filme = response.readEntity(Filme.class);
78.
79.             System.out.println(filme.getId() +" - "+ filme.getTitulo());
80.         }
81.         response.close();
82.     }
83.
84.     //Atera um filme existente
85.     public void alteraFilme(FilmeResource service){
86.
87.         Filme f = new Filme();
88.         f.setId(1);
89.         f.setTitulo("Divertida Mente");
90.         f.setGernero("Animação");
91.
92.         Response response = service.alteraFilme(f);
93.
94.         if (response.getStatus() == Response.Status.OK.getStatusCode()) {
95.             Filme filme = response.readEntity(Filme.class);
96.
97.             System.out.println(filme.getId() +" - "+ filme.getTitulo());
98.         }
```

Aplicações Clientes RESTful **275**

```
99.        response.close();
100.    }
101.
102.    //Exclui um filme da lista
103.    public void excluiFilme(FilmeResource service){
104.
105.        Response response = service.excluiFilme(1);
106.
107.        if (response.getStatus() == Response.Status.OK.getStatusCode()) {
108.            System.out.println("Filme excluído com sucesso");
109.        }
110.        response.close();
111.    }
112. }
```

● ● ● ● ● ● ● ● ● ● ● ● ● ● ● ● ● ● ● ● ● ● ● ●

# APACHE HTTP CLIENT

O Apache HTTP Client é uma biblioteca muito utilizada em diversos tipos de aplicações desenvolvidas na plataforma Java. Além isso, ela também é a biblioteca oficial utilizada nas aplicações Androids para troca de informações por meio do protocolo HTTP. Até mesmo o framework RESTEasy Client utiliza essa biblioteca para realizar as solicitações à aplicação servidora.

Quando adicionamos as dependências do JAX-RS e RESTEasy no arquivo de configuração `pom.xml` do projeto, as bibliotecas do Apache HTTP foram automaticamente baixadas pelo Maven. Isso ocorreu pelo fato dessas bibliotecas serem subdependentes da API JAX-RS e do framework RESTEasy. A Figura 5-10 mostra as bibliotecas do Apache HTTP no projeto.

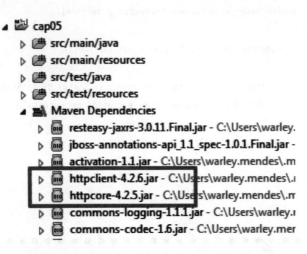

**Figura 5-10** Bibliotecas HttpClinte e HttpCore

As listagens a seguir, mostram dois exemplos completos de aplicações cliente que consomem recursos de uma aplicação RESTful utilizando as bibliotecas do Apache HTTP. A Listagem 5-15 mostra como utilizar o método HTTP Get para obter informações de um serviço, enquanto que a Listagem 5-16 mostra a utilização do método HTTP Post na criação de um novo recurso.

| Listagem 5-15 | cap05\client\HttpClientGetExemplo.java |
|---|---|

1. package cap05.client;
2. 
3. import java.io.BufferedReader;

Aplicações Clientes RESTful **277**

```java
4.    import java.io.IOException;
5.    import java.io.InputStreamReader;
6.    import java.io.StringReader;
7.    import javax.xml.bind.JAXBContext;
8.    import javax.xml.bind.JAXBException;
9.    import javax.xml.bind.Unmarshaller;
10.   import org.apache.http.HttpResponse;
11.   import org.apache.http.client.ClientProtocolException;
12.   import org.apache.http.client.HttpClient;
13.   import org.apache.http.client.methods.HttpGet;
14.   import org.apache.http.impl.client.DefaultHttpClient;
15.   import cap05.model.Acervo;
16.   import cap05.model.Filme;
17.
18.   public class HttpClientGetExemplo {
19.
20.       public static final String URL = "http://127.0.0.1:8080/cap05-web/rest/
      filme";
21.
22.       public static void main(String[] args)
23.           throws ClientProtocolException, IOException, JAXBException {
24.
25.           HttpClient client = new DefaultHttpClient();
26.           HttpGet request = new HttpGet(URL);
27.           HttpResponse response = client.execute(request);
28.
29.           System.out.println("Http Status: "
30.               + response.getStatusLine().getStatusCode());
31.
32.           //Verifica se a transação ocorreu com sucesso
33.           if (response.getStatusLine().getStatusCode() <= 300) {
34.
35.               BufferedReader rd = new BufferedReader(
36.                   new InputStreamReader(response.getEntity().getContent()));
```

**278** Java RESTful na prática com JAX-RS

```java
37.
38.             StringBuffer result = new StringBuffer();
39.             String line = "";
40.             while ((line = rd.readLine()) != null) {
41.                 result.append(line);
42.             }
43.
44.             System.out.println(result);
45.
46.             //Converte a string recebida no formato xml em objeto Java
47.             StringReader sr = new StringReader(result.toString());
48.             JAXBContext jaxbContext = JAXBContext.newInstance(Acervo.class);
49.             Unmarshaller jaxbUnmarshaller = jaxbContext.createUnmarshal-
       ler();
50.
51.             Acervo acervo = (Acervo) jaxbUnmarshaller.unmarshal(sr);
52.
53.             for(Filme filme : acervo.getFilmes()){
54.                 System.out.println(filme.getId() +" - "+ filme.getTitulo());
55.             }
56.         }
57.     }
58. }
```

| Listagem 5-16 | cap05\client\HttpClientPostExemplo.java |
|---|---|

```java
1.  package cap05.client;
2.
3.  import java.io.IOException;
4.  import java.io.StringWriter;
5.  import javax.xml.bind.JAXBContext;
6.  import javax.xml.bind.JAXBException;
```

# Aplicações Clientes RESTful **279**

```java
7.    import javax.xml.bind.Marshaller;
8.    import org.apache.http.HttpResponse;
9.    import org.apache.http.client.ClientProtocolException;
10.   import org.apache.http.client.HttpClient;
11.   import org.apache.http.client.methods.HttpPost;
12.   import org.apache.http.entity.ContentType;
13.   import org.apache.http.entity.StringEntity;
14.   import org.apache.http.impl.client.DefaultHttpClient;
15.   import cap05.model.Filme;
16.
17.   public class HttpClientPostExemplo {
18.
19.       public static final String URL = "http://127.0.0.1:8080/cap05-web/
          rest/filme";
20.
21.       public static void main(String[] args)
22.           throws JAXBException, ClientProtocolException, IOException {
23.
24.           //cria um novo filme
25.           Filme f = new Filme();
26.           f.setTitulo("Jurassic World - O Mundo dos Dinossauros");
27.           f.setGernero("Aventura");
28.
29.           //Converte objeto em xml e coloca mensagem na memória
30.           JAXBContext jaxbContext = JAXBContext.newInstance(Filme.class);
31.           Marshaller jaxbMarshaller = jaxbContext.createMarshaller();
32.           //Remove o cabeçalho do xml
33.           jaxbMarshaller.setProperty("com.sun.xml.bind.xmlDeclaration",
          Boolean.FALSE);
34.           StringWriter sw = new StringWriter();
35.           jaxbMarshaller.marshal(f, sw);
36.
37.           String mensagem = sw.toString();
38.           System.out.println(mensagem);
```

```
39.
40.        HttpClient client = new DefaultHttpClient();
41.        HttpPost httpPost = new HttpPost(URL);
42.        httpPost.setEntity(new StringEntity(mensagem, ContentType.
           create("application/xml")));
43.        HttpResponse response = client.execute(httpPost);
44.
45.        System.out.println("Http Status: "
46.            + response.getStatusLine().getStatusCode());
47.    }
48. }
```

● ● ● ● ● ● ● ● ● ● ● ● ● ● ● ● ● ● ● ● ● ●

# CONCLUSÃO

Neste capítulo, você aprendeu a implementar aplicações RESTful Client de diferentes formas, utilizando distintas tecnologias. Um dos pontos mais importantes deste capítulo foi a utilização de interfaces de serviços para a criação de aplicações servidoras e também aplicações clientes.

Saber implementar aplicações RESTful server-side e client-side é uma requisito fundamental para quem quer ou pretende trabalhar com integração de sistemas. Com o conhecimento aprendido ao longo deste livro você já é capaz de implementar aplicações profissionais utilizando essa importante tecnologia.

# CAPÍTULO 6

| | |
|---|---|
| INTRODUÇÃO | 285 |
| HATEOAS | 285 |
| CACHING | 307 |
| SEGURANÇA | 324 |
| CONCLUSÃO | 329 |

CAPÍTULO

# HATEOAS, CACHING E SEGURANÇA

# INTRODUÇÃO

Com o intuito de complementarmos o conhecimento sobre o desenvolvimento de aplicações RESTful utilizando a API JAX-RS, iremos demonstrar neste capítulo a utilização de algumas funcionalidades adicionais existentes nessa API que são muito importantes na implementação de aplicações RESTful.

• • • • • • • • • • • • • • • • • • • • • • • •

# HATEOAS

HATEOAS é um acrônimo de *Hypermedia As The Engine Of Application State*, que cujo conceito diz que um recurso deve possuir informações extras de outros recursos relacionados. Em uma página web convencional uma informação pode possuir um link para a próxima página ou para uma página anterior. Em aplicações RESTful, um recurso também pode possuir um link para  demais recursos, criando dessa forma um link entre os recursos relacionados.

Ao implementar serviços  utilizando o conceito de HATEOAS, todos os recursos disponibilizados por um serviço precisam possuir uma URL fixa e devem ser acessíveis a partir da URL raiz da aplicação.

A Figura 6-1 mostra em destaque, um exemplo de uma lista contendo recursos referenciados. Ao listar todas as informações dos produtos disponibilizados pelo serviço, cada recurso possui a sua referência única. Caso a aplicação cliente queira um recurso em específico, basta utilizar a informação contida no atributo link.

**Figura 6-1** Exemplo de utilização links em recursos

Para adicionar um link em um recurso, é necessário incluir um atributo na classe de modelo. Esse atributo deve ser do tipo Link. O fragmento de código a seguir, mostra, em destaque, como esse atributo é adicionado à classe de modelo:

# HATEOAS, Caching e Segurança **287**

```java
import javax.ws.rs.core.Link

@XmlRootElement(name="produto")
@XmlAccessorType(value = XmlAccessType.FIELD)
public class Produto {

    private  int id;
    private String nome;
    private double preco;
    private int qtd;

    private Link link;
    ...
}
```

Após, criado o atributo, o próximo passo é criar a referência de cada recurso. Esse procedimento é realizado dentro do método do serviço, como mostrado em destaque abaixo:

```java
@GET
@Produces({MediaType.APPLICATION_XML, MediaType.APPLICATION_JSON})
public Estoque getItens(){
    Estoque estoque = new Estoque(itens.values());

    for(Produto p: estoque.getProdutos()){

        Link link = Link.fromPath("estoque/{id}")
            .rel("estoque")
            .title(p.getNome())
            .build(p.getId());

        p.setLink(link);
    }
    return estoque;
}
```

Ao analisar o código anterior, repare que o valor do parâmetro "{id}" é passado dentro do método `build()` e esse processo se repete para todos os itens existentes na lista de produtos.

Por fim, para que o valor do atributo `link` de cada objeto possa ser exposto na resposta do serviço é necessário que seja criado um arquivo de pacote e que dentro desse arquivo seja adicionado a anotação `@XmlJavaTypeAdapter`. A funcionalidade dessa anotação é fazer com que o JAXB entenda o conteúdo existente dentro do atributo `link` e ao ser adicionado ao arquivo `package-info.java` essa funcionalidade se estenderá a todas as classes contidas no pacote.

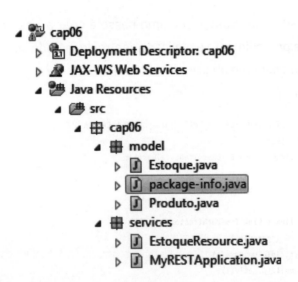

**Figura 6-2** Estrutura do projeto com o arquivo de pacote

O código a seguir mostra o conteúdo do arquivo `package-info.java`:

```
@XmlJavaTypeAdapter(value=JaxbAdapter.class)
package cap06.model;

import javax.ws.rs.core.Link.JaxbAdapter;
import javax.xml.bind.annotation.adapters.XmlJavaTypeAdapter;
```

No exemplo anterior mostramos como criar uma referência utilizando um caminho relativo ao serviço chamado. Outra forma é exibir o valor da referência dos recursos utilizando o caminho absoluto do projeto, tornando os recursos independentes de qualquer serviço existente na aplicação. A Figura 6-3 mostra um exemplo de referências utilizando caminho absoluto.

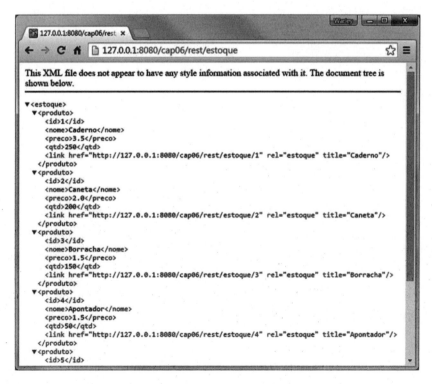

**Figura 6-3** Exemplo de utilização links em recursos

**290** Java RESTful na prática com JAX-RS

O código a seguir mostra em detalhes a implementação de um serviço que expõe recursos contendo referências absolutas:

```
@GET
@Produces({MediaType.APPLICATION_XML, MediaType.APPLICATION_JSON})
public Estoque getItens(@Context UriInfo uriInfo){
    Estoque estoque = new Estoque(itens.values());

    for(Produto p: estoque.getProdutos()){

        //obtém o caminho absoluto do serviço
        UriBuilder builderItem = uriInfo.getAbsolutePathBuilder();
        builderItem.path("{id}");

        //define o valor do parâmetro
        URI itemUri = builderItem
                .clone()
                .build( p.getId() );

        //Cria o link como o valor de referência
        Link link = Link.fromUri(itemUri)
                .title(p.getNome())
                .rel(p.getNome())
                .build();

        p.setLink(link);
    }
    return estoque;
}
```

A Listagem 6-1 mostra a implementação completa do exemplo para que você tenha noção das importações utilizadas na construção do serviço.

HATEOAS, Caching e Segurança **291**

| Listagem 6-1 | cap06\services\EstoqueResource.java |
|---|---|

```java
1.    package cap06.services;
2.
3.    import java.net.URI;
4.    import java.util.Map;
5.    import java.util.concurrent.ConcurrentHashMap;
6.    import javax.ws.rs.GET;
7.    import javax.ws.rs.PUT;
8.    import javax.ws.rs.Path;
9.    import javax.ws.rs.PathParam;
10.   import javax.ws.rs.Produces;
11.   import javax.ws.rs.WebApplicationException;
12.   import javax.ws.rs.core.CacheControl;
13.   import javax.ws.rs.core.Context;
14.   import javax.ws.rs.core.EntityTag;
15.   import javax.ws.rs.core.Link;
16.   import javax.ws.rs.core.MediaType;
17.   import javax.ws.rs.core.Request;
18.   import javax.ws.rs.core.Response;
19.   import javax.ws.rs.core.Response.Status;
20.   import javax.ws.rs.core.UriBuilder;
21.   import javax.ws.rs.core.UriInfo;
22.   import cap06.model.Estoque;
23.   import cap06.model.Produto;
24.
25.   @Path("/estoque")
26.   public class EstoqueResource {
27.
28.       private int id = 1;
29.       private Map<Integer, Produto> itens =
30.           new ConcurrentHashMap<Integer, Produto>();
31.
```

**292** Java RESTful na prática com JAX-RS

```java
32.     public EstoqueResource() {
33.         this.adicionaItens();
34.     }
35.
36.     @GET
37.     @Produces({MediaType.APPLICATION_XML, MediaType.APPLICATION_JSON})
38.     public Estoque getItens(@Context UriInfo uriInfo){
39.         Estoque estoque = new Estoque(itens.values());
40.
41.         for(Produto p: estoque.getProdutos()){
42.             /*
43.             Link link = Link.fromPath("estoque/{id}")
44.                 .rel("estoque")
45.                 .title(p.getNome())
46.                 .build(p.getId());
47.             */
48.
49.             //obtêm o caminho absoluto do serviço
50.             UriBuilder builderItem = uriInfo.getAbsolutePathBuilder();
51.             builderItem.path("{id}");
52.
53.             //define o valor do parâmetro
54.             URI itemUri = builderItem
55.                 .clone()
56.     .build(p.getId());
57.
58.             //Cria o link como o valor de referência
59.             Link link = Link.fromUri(itemUri)
60.                     .title(p.getNome())
61.                     .rel("estoque")
62.                     .build();
63.
64.             p.setLink(link);
65.         }
```

HATEOAS, Caching e Segurança **293**

```
66.        return estoque;
67.    }
68.
69.    @GET
70.    @Path("{id}")
71.    @Produces({MediaType.APPLICATION_XML, MediaType.APPLICATION_JSON})
72.    public Response getItem(@PathParam("id") int id, @Context Request
    request){
73.
74.        Produto produto = itens.get(id);
75.
76.        if(produto == null){
77.            throw new WebApplicationException(Status.NOT_FOUND);
78.        }
79.
80.        CacheControl cc = new CacheControl();
81.        cc.setMaxAge(10);
82.
83.        EntityTag etag = new EntityTag(Integer.toString(produto.hashCode()));
84.
85.        //Verifica se o etag é diferente da mensagem anterior
86.        Response.ResponseBuilder builder = request.
    evaluatePreconditions(etag);
87.
88.        //Se o etag não for diferente, então builder não será nulo
89.        //A mesma mensagem será envia sem novo processamento
90.        if(builder != null){
91.            builder.cacheControl(cc);
92.            builder = Response.notModified(etag);
93.            return builder.build();
94.        }
95.
96.        //um novo recurso é criado ou atualizado
97.        //um novo valor de etag é definido
```

**294** Java RESTful na prática com JAX-RS

```java
98.         builder = Response.ok().entity(produto);
99.         builder.cacheControl(cc);
100.         builder.tag(etag);
101.         return builder.build();
102.    }
103.
104.    @Path("{id}")
105.    @PUT
106.    public Response atualizaProduto(@PathParam("id") int id){
107.
108.        //Obtém o produto existente no banco de dados
109.        Produto produto = itens.get(id);
110.
111.        if(produto == null){
112.            throw new WebApplicationException(Status.NOT_FOUND);
113.        }
114.
115.        Produto atualiza = new Produto();
116.        atualiza.setId(produto.getId());
117.        atualiza.setNome("Livro");
118.        atualiza.setPreco(50.0);
119.        atualiza.setQtd(10);
120.
121.        //Atualiza o produto no banco de dados
122.        itens.put(produto.getId(), atualiza);
123.
124.        return Response.noContent().build();
125.    }
126.
127.    //Simula uma consulta ao banco de dados
128.    private void adicionaItens(){
129.        Produto p1 = new Produto(id++, "Caderno", 3.50, 250);
130.        Produto p2 = new Produto(id++, "Caneta", 2.00, 200);
131.        Produto p3 = new Produto(id++, "Borracha", 1.50, 150);
```

HATEOAS, Caching e Segurança **295**

```
132.         Produto p4 = new Produto(id++, "Apontador", 1.50, 50);
133.         Produto p5 = new Produto(id++, "Lápis", 1.00, 100);
134.         Produto p6 = new Produto(id++, "Régua", 9.50, 80);
135.
136.         itens.put(p1.getId(), p1);
137.         itens.put(p2.getId(), p2);
138.         itens.put(p3.getId(), p3);
139.         itens.put(p4.getId(), p4);
140.         itens.put(p5.getId(), p5);
141.         itens.put(p6.getId(), p6);
142.    }
143. }
```

Outro exemplo de utilização de links de referência é em paginação de lista de recursos. Essa funcionalidade é muito utilizada em sites de vendas, site de leilões e até mesmo em aplicações coorporativas. Ao implementar o serviço, alguns parâmetros podem ser definidos para que a aplicação cliente possa informar quantos itens deseja consumir por vez e qual será o item inicial.

A Figura 6-4 mostra um exemplo de utilização de paginação utilizando link de referência. Repare na figura que na URL foi informado a lista que deve ser inicializada a partir do segundo item e a mensagem de resposta deve conter três registros por vez. Outro ponto de destaque está no final da mensagem, onde são exibidas as referências dos itens anteriores e também dos itens posteriores.

**296** Java RESTful na prática com JAX-RS

```
← → C ⌂   🗋 127.0.0.1:8080/cap06/rest/estoque?inicio=1&registros=3

This XML file does not appear to have any style information associated with it. The document tree is shown below

▼<estoque>
  ▼<produto>
      <id>2</id>
      <nome>Caneta</nome>
      <preco>2.0</preco>
      <qtd>200</qtd>
      <link href="http://127.0.0.1:8080/cap06/rest/estoque/2" rel="estoque" title="Caneta"/>
    </produto>
  ▼<produto>
      <id>3</id>
      <nome>Borracha</nome>
      <preco>1.5</preco>
      <qtd>150</qtd>
      <link href="http://127.0.0.1:8080/cap06/rest/estoque/3" rel="estoque" title="Borracha"/>
    </produto>
  ▼<produto>
      <id>4</id>
      <nome>Apontador</nome>
      <preco>1.5</preco>
      <qtd>50</qtd>
      <link href="http://127.0.0.1:8080/cap06/rest/estoque/4" rel="estoque" title="Apontador"/>
    </produto>
      <link href="http://127.0.0.1:8080/cap06/rest/estoque?inicio=0&registros=3" rel="anterior"/>
      <link href="http://127.0.0.1:8080/cap06/rest/estoque?inicio=4&registros=3" rel="proximo"/>
  </estoque>
```

**Figura 6-4** Exemplo de paginação utilizando link de referência

O ponto chave na implementação do serviço mostrado na figura anterior está na criação dos links "anterior" e "próximo". Para implementar essa funcionalidade é necessário criar uma lista que armazenará esses dois links.

```
List<Link> links= new ArrayList<Link>();
```

Em seguida, é realizada uma verificação para confirmar se existem itens suficientes na lista para a criação do link "próximo". Existindo, então os valores do próximo item e do número de registros são passados na montagem do link. Lembrando que quando falamos do próximo item, estamos nos referindo ao próximo item em relação ao item informado na URL da solicitação. Por exemplo: o primeiro item da lista é o item de índice zero. Então, se for informado o index zero na URL, a mensagem de retorno será o item zero, o item um e o item dois. O próximo item informado no parâmetro inicio do link "próximo" será o item três, como mostrado na Figura 6-5.

```
← → C ⌂   🗋 127.0.0.1:8080/cap06/rest/estoque?inicio=0&registros=3

This XML file does not appear to have any style information associated with it. The document tree is sho

▼<estoque>
  ▼<produto>
     <id>1</id>
     <nome>Caderno</nome>
     <preco>3.5</preco>
     <qtd>250</qtd>
     <link href="http://127.0.0.1:8080/cap06/rest/estoque/1" rel="estoque" title="Caderno"/>
  </produto>
  ▼<produto>
     <id>2</id>
     <nome>Caneta</nome>
     <preco>2.0</preco>
     <qtd>200</qtd>
     <link href="http://127.0.0.1:8080/cap06/rest/estoque/2" rel="estoque" title="Caneta"/>
  </produto>
  ▼<produto>
     <id>3</id>
     <nome>Borracha</nome>
     <preco>1.5</preco>
     <qtd>150</qtd>
     <link href="http://127.0.0.1:8080/cap06/rest/estoque/3" rel="estoque" title="Borracha"/>
  </produto>
  <link href="http://127.0.0.1:8080/cap06/rest/estoque?inicio=3&registros=3" rel="proximo"/>
</estoque>
```

**Figura 6-5** Criação do link próximo

O fragmento de código a seguir mostra em destaque a implementação do link próximo:

```
//define os parâmetros que existirão na URL do serviço
UriBuilder builder = uriInfo.getAbsolutePathBuilder();
builder.queryParam("inicio", "{inicio}");
builder.queryParam("registros", "{registros}");

//armazena os links anterior e próximo
List<Link> links = new ArrayList<Link>();

if (inicio + registros < itens.values().size()){
    int proxima = inicio + registros;
```

**298** Java RESTful na prática com JAX-RS

```
//informa os valores dos parâmetros na URL
URI proximaUri = builder.clone().build(proxima, registros);

Link proximaLink = Link.fromUri(proximaUri)
        .rel("proximo")
        .build();

links.add(proximaLink);
}
```

A implementação do link "anterior" segue a mesma lógica de criação do link "próximo". Após serem criados, os links e os registros são adicionados em um objeto Estoque e em seguida são enviados para a aplicação cliente.

```
@GET
@Produces({MediaType.APPLICATION_XML, MediaType.APPLICATION_JSON})
public Estoque getItens(
        @QueryParam("inicio") int inicio,
        @QueryParam("registros") @DefaultValue("2") int registros,
        @Context UriInfo uriInfo){

    ...

    Estoque estoque = new Estoque();
    estoque.setProdutos(produtos);
    estoque.setLinks(links);

    return estoque;
}
```

As listagens a seguir mostram a implementação completa do exemplo de paginação utilizando links de referência.

## Listagem 6-2 | cap06\model\package-info.java

```
1.   @XmlJavaTypeAdapter(value=JaxbAdapter.class)
2.   package cap06.model;
3.
4.   import javax.ws.rs.core.Link.JaxbAdapter;
5.   import javax.xml.bind.annotation.adapters.XmlJavaTypeAdapter;
```

## Listagem 6-3 | cap06\model\Estoque.java

```
1.   package cap06.model;
2.
3.   import java.util.Collection;
4.   import java.util.List;
5.   import javax.ws.rs.core.Link;
6.   import javax.xml.bind.annotation.XmlAccessType;
7.   import javax.xml.bind.annotation.XmlAccessorType;
8.   import javax.xml.bind.annotation.XmlElement;
9.   import javax.xml.bind.annotation.XmlRootElement;
10.
11.  @XmlRootElement(name = "estoque")
12.  @XmlAccessorType(value = XmlAccessType.FIELD)
13.  public class Estoque {
14.
15.      @XmlElement(name = "produto")
16.      private Collection<Produto> produtos;
17.
18.      @XmlElement(name="link")
19.      protected List<Link> links;
20.
21.      public Estoque() {
22.          super();
```

**300** Java RESTful na prática com JAX-RS

```java
23.      }
24.
25.      public Estoque(Collection<Produto> produtos) {
26.          super();
27.          this.produtos = produtos;
28.      }
29.
30.      public Collection<Produto> getProdutos() {
31.          return produtos;
32.      }
33.      public void setProdutos(Collection<Produto> produtos) {
34.          this.produtos = produtos;
35.      }
36.      public List<Link> getLinks() {
37.          return links;
38.      }
39.      public void setLinks(List<Link> links) {
40.          this.links = links;
41.      }
42.  }
```

| Listagem 6-4 | cap06\services\EstoqueResource.java |
| --- | --- |

```java
1.    package cap06.services;
2.
3.    import java.net.URI;
4.    import java.util.ArrayList;
5.    import java.util.List;
6.    import java.util.Map;
7.    import java.util.concurrent.ConcurrentHashMap;
8.    import javax.ws.rs.DefaultValue;
9.    import javax.ws.rs.GET;
```

```java
10.    import javax.ws.rs.PUT;
11.    import javax.ws.rs.Path;
12.    import javax.ws.rs.PathParam;
13.    import javax.ws.rs.Produces;
14.    import javax.ws.rs.QueryParam;
15.    import javax.ws.rs.WebApplicationException;
16.    import javax.ws.rs.core.CacheControl;
17.    import javax.ws.rs.core.Context;
18.    import javax.ws.rs.core.EntityTag;
19.    import javax.ws.rs.core.Link;
20.    import javax.ws.rs.core.MediaType;
21.    import javax.ws.rs.core.Request;
22.    import javax.ws.rs.core.Response;
23.    import javax.ws.rs.core.Response.Status;
24.    import javax.ws.rs.core.UriBuilder;
25.    import javax.ws.rs.core.UriInfo;
26.    import cap06.model.Estoque;
27.    import cap06.model.Produto;
28.
29.    @Path("/estoque")
30.    public class EstoqueResource {
31.
32.        private int id = 1;
33.        private Map<Integer, Produto> itens =
34.            new ConcurrentHashMap<Integer, Produto>();
35.
36.        public EstoqueResource() {
37.            this.adicionaItens();
38.        }
39.
40.        @GET
41.        @Produces({MediaType.APPLICATION_XML, MediaType.APPLICATION_JSON})
42.        public Estoque getItens(
43.            @QueryParam("inicio") int inicio,
```

**302** Java RESTful na prática com JAX-RS

```
44.        @QueryParam("registros") @DefaultValue("2") int registros,
45.        @Context UriInfo uriInfo){
46.
47.        //define os parâmetros que existirão na URL do serviço
48.        UriBuilder builder = uriInfo.getAbsolutePathBuilder();
49.        builder.queryParam("inicio", "{inicio}");
50.        builder.queryParam("registros", "{registros}");
51.
52.        List<Produto> produtos = new ArrayList<Produto>();
53.        List<Link> links = new ArrayList<Link>();
54.
55.        int i = 0;
56.        for(Produto p: itens.values()){
57.
58.          //obtém os itens a serem exibidos na aplicação cliente
59.          if (i >= inicio && i < inicio + registros){
60.
61.            //obtém o caminho absoluto do serviço
62.            UriBuilder builderItem = uriInfo.getAbsolutePathBuilder();
63.            builderItem.path("{id}");
64.
65.            //define o valor do parâmetro
66.            URI itemUri = builderItem
67.                  .clone()
68.                  .build(p.getId());
69.
70.            //Cria o link como o valor de referência para o item
71.            Link link = Link.fromUri(itemUri)
72.                  .title(p.getNome())
73.                  .rel("estoque")
74.                  .build();
75.
76.            p.setLink(link);
77.
```

```
78.            produtos.add(p);
79.          }
80.          i++;
81.        }
82.
83.        //constrói o link para os registros anteriores
84.        if (inicio > 0){
85.          int anterior = inicio - registros;
86.
87.          if (anterior < 0) anterior = 0;
88.
89.          //informa os valores dos parâmetros na URL
90.          URI anteriorUri = builder
91.              .clone()
92.              .build(anterior, registros);
93.
94.          Link anteriorLink = Link.fromUri(anteriorUri)
95.              .rel("anterior")
96.              .build();
97.
98.          links.add(anteriorLink);
99.        }
100.
101.        //constrói o link para os próximos registros
102.        if (inicio + registros < itens.values().size()){
103.          int proxima = inicio + registros;
104.
105.          //informa os valores dos parâmetros na URL
106.          URI proximaUri = builder
107.              .clone()
108.              .build(proxima, registros);
109.
110.          Link proximaLink = Link.fromUri(proximaUri)
111.              .rel("proximo")
```

**304** Java RESTful na prática com JAX-RS

```
112.                    .build();
113.
114.          links.add(proximaLink);
115.      }
116.
117.      Estoque estoque = new Estoque();
118.      estoque.setProdutos(produtos);
119.      estoque.setLinks(links);
120.
121.      return estoque;
122.  }
123.
124.  @GET
125.  @Path("{id}")
126.  @Produces({MediaType.APPLICATION_XML, MediaType.APPLICATION_JSON})
127.  public Response getItem(@PathParam("id") int id, @Context Request
      request){
128.
129.      Produto produto = itens.get(id);
130.
131.      if(produto == null){
132.          throw new WebApplicationException(Status.NOT_FOUND);
133.      }
134.
135.      CacheControl cc = new CacheControl();
136.      cc.setMaxAge(10);
137.
138.      EntityTag etag = new EntityTag(Integer.toString(produto.hashCode()));
139.
140.      //Verifica se o etag é diferente da mensagem anterior
141.      Response.ResponseBuilder builder = request.
      evaluatePreconditions(etag);
142.
143.      //Se o etag não for diferente, então builder não será nulo
```

```java
144.        //A mesma mensagem será envia sem novo processamento
145.        if(builder != null){
146.           builder.cacheControl(cc);
147.           builder = Response.notModified(etag);
148.           return builder.build();
149.        }
150.
151.        //um novo recurso é criado ou atualizado
152.        //um novo valor de etag é definido
153.        builder = Response.ok().entity(produto);
154.        builder.cacheControl(cc);
155.        builder.tag(etag);
156.        return builder.build();
157.    }
158.
159.    @Path("{id}")
160.    @PUT
161.    public Response atualizaProduto(@PathParam("id") int id){
162.
163.        //Obtém o produto existente no banco de dados
164.        Produto produto = itens.get(id);
165.
166.        if(produto == null){
167.           throw new WebApplicationException(Status.NOT_FOUND);
168.        }
169.
170.        Produto atualiza = new Produto();
171.        atualiza.setId(produto.getId());
172.        atualiza.setNome("Livro");
173.        atualiza.setPreco(50.0);
174.        atualiza.setQtd(10);
175.
176.        //Atualiza o produto no banco de dados
177.        itens.put(produto.getId(), atualiza);
```

```
178.
179.        return Response.noContent().build();
180.    }
181.
182.    //Simula uma consulta no banco de dados
183.    private void adicionaItens(){
184.        Produto p1 = new Produto(id++, "Caderno", 3.50, 250);
185.        Produto p2 = new Produto(id++, "Caneta", 2.00, 200);
186.        Produto p3 = new Produto(id++, "Borracha", 1.50, 150);
187.        Produto p4 = new Produto(id++, "Apontador", 1.50, 50);
188.        Produto p5 = new Produto(id++, "Lápis", 1.00, 100);
189.        Produto p6 = new Produto(id++, "Régua", 9.50, 80);
190.
191.        itens.put(p1.getId(), p1);
192.        itens.put(p2.getId(), p2);
193.        itens.put(p3.getId(), p3);
194.        itens.put(p4.getId(), p4);
195.        itens.put(p5.getId(), p5);
196.        itens.put(p6.getId(), p6);
197.    }
198. }
```

# CACHING

Na implementação de serviços RESTful é possível estabelecer a duração (tempo de vida) de um determinado recurso. Essa funcionalidade é muito utilizada para evitar que os recursos disponibilizados sejam criados a todo o momento, resultando em menor latência e melhor tempo de resposta da aplicação.

No HTTP 1.1 existe um controle chamado Cache-Control no qual é possível definir o comportamento de cache de recursos, bem como a duração (tempo) máxima que o recurso pode ser armazenado em cache. A Figura 6-6 mostra um exemplo de utilização desse controle.

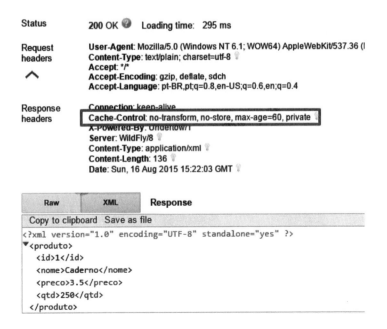

**Figura 6-6** Exemplo de utilização de Cache-Cotrol

**308** Java RESTful na prática com JAX-RS

A listagem a seguir, mostra as opções de configuração do Cache-Control:

- **private:** somente os clientes privados (principalmente o navegador) e ninguém mais na cadeia (como um proxy) deve armazenar em cache o recurso em cache;
- **public:** qualquer entidade na cadeia pode armazenar o recurso em cache;
- **no-cache:** o recurso não pode ser armazenado em cache;
- **no-store:** o recurso pode ser armazenado em cache, mas não deve ser armazenado em disco. A maioria dos navegadores irá armazenar os recursos em memória até que elas sejam retiradas ou expirem;
- **no-transform:** o recurso não pode ser modificado, por exemplo, o conteúdo de um arquivo ou uma imagem;
- **max-age:** tempo em que o recurso está válido (medido em segundos);
- **s-maxage:** mesmo como max-idade, mas este valor é apenas para não clientes.

O código a seguir, mostra na prática como o Cache-Control é configurado em um serviço:

```
@GET
@Path("{id}")
@Produces({ MediaType.APPLICATION_XML, MediaType.APPLICATION_JSON})
public Response getItem(@PathParam("id") int id){

    Produto produto = itens.get(id);

    if(produto == null){
        throw new WebApplicationException(Status.NOT_FOUND);
    }

    CacheControl cc = new CacheControl();
    cc.setMaxAge(60);
    cc.setPrivate(true);
    cc.setNoStore(true);

    ResponseBuilder builder = Response.ok().entity(produto);
    builder.cacheControl(cc);
    return builder.build();
}
```

Além de realizar o controle do cabeçalho da resposta, também é possível configurar um controle da mensagem gerada pelo serviço. Nesse caso, a aplicação servidora verifica a versão do recurso solicitado por meio de uma tag única existente no cabeçalho da solicitação. Caso essa tag seja diferente da esperada, então a aplicação servidora realiza um processamento, criando um novo recurso e o envia para a aplicação cliente (HTTP Status 200 "OK"). Caso contrário, o recurso existente no cache do servidor é reenviado para a aplicação cliente (HTTP Status 304 "Not Modified").

O código a seguir, mostra em destaque a implementação de um serviço que realiza caching na mensagem:

**310** Java RESTful na prática com JAX-RS

```java
@GET
@Path("{id}")
@Produces({MediaType.APPLICATION_XML, MediaType.APPLICATION_JSON})
public Response getItem(@PathParam("id") int id, @Context Request request){

    Produto produto = itens.get(id);

    if(produto == null){
        throw new WebApplicationException(Status.NOT_FOUND);
    }

    CacheControl cc = new CacheControl();
    cc.setMaxAge(10);

    EntityTag etag = new EntityTag(Integer.toString(produto.hashCode()));

    //Verifica se o etag é diferente da mensagem anterior
    Response.ResponseBuilder builder = request.evaluatePreconditions(etag);

    //Se o etag não for diferente, então builder não será nulo
    //A mesma mensagem será reenviada sem novo processamento
    if(builder != null){
        builder.cacheControl(cc);
        builder = Response.notModified(etag);
        return builder.build();
    }

    //um novo recurso é criado ou atualizado
    //o valor de etag é definido no cabeçalho da mensagem
    builder = Response.ok().entity(produto);
    builder.cacheControl(cc);
    builder.tag(etag);
    return builder.build();
}
```

Ao analisar o código anterior, repare que o valor da tag da mensagem é criado utilizando o método `hashCode` do objeto `Produto`. Esse valor de hash é gerado conforme os valores contidos nos atributos do objeto, por isso ele será diferente para cada valor. A Figura 6-7 mostra o cabeçalho da mensagem gerada ao acessar serviço anterior:

**Figura 6-7** Exemplo de utilização de ETag para controle de cache

Agora utilizaremos o programa Avanced Rest Client para realizarmos alguns testes no serviço criado com o código anterior e iremos analisar na prática como funciona o recurso de cache.

**312** Java RESTful na prática com JAX-RS

Passo 1: Iremos realizar uma consulta no serviço e verificar a tag gerada:

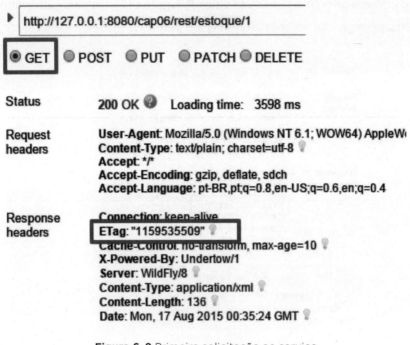

Figura 6-8 Primeira solicitação ao serviço

HATEOAS, Caching e Segurança  **313**

Passo 2: Iremos novamente realizar uma consulta no mesmo serviço e verificar a tag gerada:

Figura 6-9 Segunda solicitação ao serviço

Passo 3: Iremos alterar o recurso pesquisado anteriormente:

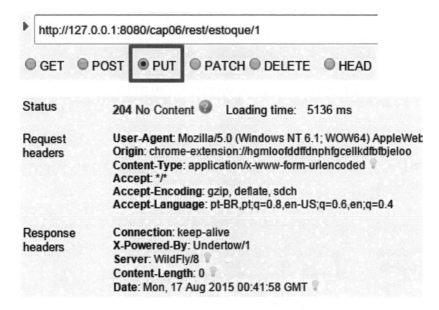

Figura 6-10 Alteração do recurso pesquisado

HATEOAS, Caching e Segurança **315**

Passo 4: Iremos agora realizar uma terceira consulta no mesmo serviço e verificar a tag gerada:

Figura 6-11 Terceira solicitação ao serviço

É muito importante que você veja na prática como é trabalhar com caching de recursos. As listagens a seguir, mostram os códigos da implementação desse exemplo. Após implementá-los realize várias chamadas no serviço utilizando a aplicação Avanced Rest Client e debug o código no Eclipse para que você possa acompanhar a execução do sistema.

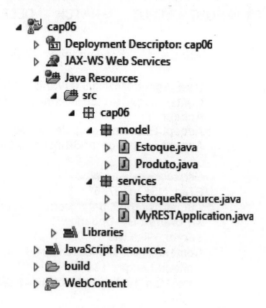

**Figura 6-12** Estrutura do projeto

| Listagem 6-5 | cap06\model\Produto.java |
|---|---|

```
1.  package cap06.model;
2.
3.  import javax.xml.bind.annotation.XmlAccessType;
4.  import javax.xml.bind.annotation.XmlAccessorType;
5.  import javax.xml.bind.annotation.XmlRootElement;
6.
```

HATEOAS, Caching e Segurança **317**

```java
7.    @XmlRootElement(name="produto")
8.    @XmlAccessorType(value = XmlAccessType.FIELD)
9.    public class Produto {
10.
11.        private int id;
12.        private String nome;
13.        private double preco;
14.        private int qtd;
15.
16.        public Produto() {
17.            super();
18.        }
19.
20.        public Produto(int id, String nome,
21.                double preco, int qtd) {
22.            super();
23.            this.id = id;
24.            this.nome = nome;
25.            this.preco = preco;
26.            this.qtd = qtd;
27.        }
28.        public int getId() {
29.            return id;
30.        }
31.        public void setId(int id) {
32.            this.id = id;
33.        }
34.        public String getNome() {
35.            return nome;
36.        }
37.        public void setNome(String nome) {
38.            this.nome = nome;
39.        }
40.        public double getPreco() {
```

**318** Java RESTful na prática com JAX-RS

```
41.         return preco;
42.     }
43.     public void setPreco(double preco) {
44.         this.preco = preco;
45.     }
46.     public int getQtd() {
47.         return qtd;
48.     }
49.     public void setQtd(int qtd) {
50.         this.qtd = qtd;
51.     }
52. }
```

| Listagem 6-6 | cap06\model\Estoque.java |
| --- | --- |

```
1.  package cap06.model;
2.
3.  import java.util.Collection;
4.  import javax.xml.bind.annotation.XmlAccessType;
5.  import javax.xml.bind.annotation.XmlAccessorType;
6.  import javax.xml.bind.annotation.XmlElement;
7.  import javax.xml.bind.annotation.XmlRootElement;
8.
9.  @XmlRootElement(name = "estoque")
10. @XmlAccessorType(value = XmlAccessType.FIELD)
11. public class Estoque {
12.
13.     @XmlElement(name = "produto")
14.     private Collection<Produto> produtos;
15.
16.     public Estoque() {
17.         super();
```

HATEOAS, Caching e Segurança **319**

```java
18.    }
19.
20.    public Estoque(Collection<Produto> produtos) {
21.        super();
22.        this.produtos = produtos;
23.    }
24.
25.    public Collection<Produto> getProdutos() {
26.        return produtos;
27.    }
28.    public void setProdutos(Collection<Produto> produtos) {
29.        this.produtos = produtos;
30.    }
31. }
```

| Listagem 6-7 | cap06\services\EstoqueResource.java |
|---|---|

```java
1.    package cap06.services;
2.
3.    import java.util.Map;
4.    import java.util.concurrent.ConcurrentHashMap;
5.    import javax.ws.rs.GET;
6.    import javax.ws.rs.PUT;
7.    import javax.ws.rs.Path;
8.    import javax.ws.rs.PathParam;
9.    import javax.ws.rs.Produces;
10.   import javax.ws.rs.WebApplicationException;
11.   import javax.ws.rs.core.CacheControl;
12.   import javax.ws.rs.core.Context;
13.   import javax.ws.rs.core.EntityTag;
14.   import javax.ws.rs.core.MediaType;
15.   import javax.ws.rs.core.Request;
```

**320** Java RESTful na prática com JAX-RS

```java
16.    import javax.ws.rs.core.Response;
17.    import javax.ws.rs.core.Response.Status;
18.    import cap06.model.Estoque;
19.    import cap06.model.Produto;
20.
21.    @Path("/estoque")
22.    public class EstoqueResource {
23.
24.        private int id = 1;
25.        private Map<Integer, Produto> itens =
26.            new ConcurrentHashMap<Integer, Produto>();
27.
28.        public EstoqueResource() {
29.            this.adicionaItens();
30.        }
31.
32.        @GET
33.        @Produces({MediaType.APPLICATION_XML, MediaType.APPLICATION_JSON})
34.        public Estoque getItens(){
35.            Estoque estoque = new Estoque(itens.values());
36.            return estoque;
37.        }
38.
39.        @GET
40.        @Path("{id}")
41.        @Produces({MediaType.APPLICATION_XML, MediaType.APPLICATION_JSON})
42.        public Response getItem(@PathParam("id") int id, @Context Request
               request){
43.
44.            Produto produto = itens.get(id);
45.
46.            if(produto == null){
47.                throw new WebApplicationException(Status.NOT_FOUND);
48.            }
```

HATEOAS, Caching e Segurança **321**

```
49.
50.        CacheControl cc = new CacheControl();
51.        cc.setMaxAge(10);
52.
53.        EntityTag etag = new EntityTag(Integer.toString(produto.hashCode()));
54.
55.        //Verifica se o etag é diferente da mensagem anterior
56.        Response.ResponseBuilder builder = request.
           evaluatePreconditions(etag);
57.
58.        //Se o etag não for diferente, então builder não será nulo
59.        //A mesma mensagem será envia sem novo processamento
60.        if(builder != null){
61.            builder.cacheControl(cc);
62.            builder = Response.notModified(etag);
63.            return builder.build();
64.        }
65.
66.        //um novo recurso é criado ou atualizado
67.        //um novo valor de etag é definido
68.        builder = Response.ok().entity(produto);
69.        builder.cacheControl(cc);
70.        builder.tag(etag);
71.        return builder.build();
72.    }
73.
74.    @Path("{id}")
75.    @PUT
76.    public Response atualizaProduto(@PathParam("id") int id){
77.
78.        //Obtém o produto existente no banco de dados
79.        Produto produto = itens.get(id);
80.
81.        if(produto == null){
```

**322** Java RESTful na prática com JAX-RS

```java
82.              throw new WebApplicationException(Status.NOT _ FOUND);
83.        }
84.
85.        Produto atualiza = new Produto();
86.        atualiza.setId(produto.getId());
87.        atualiza.setNome("Livro");
88.       atualiza.setPreco(50.0);
89.       atualiza.setQtd(10);
90.
91.        //Atualiza o produto no banco de dados
92.        itens.put(produto.getId(), atualiza);
93.
94.        return Response.noContent().build();
95.    }
96.
97.    //Simula uma consulta no banco de dados
98.    private void adicionaItens(){
99.        Produto p1 = new Produto(id++, "Caderno", 3.50, 250);
100.        Produto p2 = new Produto(id++, "Caneta", 2.00, 200);
101.        Produto p3 = new Produto(id++, "Borracha", 1.50, 150);
102.        Produto p4 = new Produto(id++, "Apontador", 1.50, 50);
103.        Produto p5 = new Produto(id++, "Lápis", 1.00, 100);
104.        Produto p6 = new Produto(id++, "Régua", 9.50, 80);
105.
106.        itens.put(p1.getId(), p1);
107.        itens.put(p2.getId(), p2);
108.        itens.put(p3.getId(), p3);
109.        itens.put(p4.getId(), p4);
110.        itens.put(p5.getId(), p5);
111.        itens.put(p6.getId(), p6);
112.    }
113. }
```

HATEOAS, Caching e Segurança **323**

| Listagem 6-8 | cap06\services\MyRESTApplication.java |
|---|---|

```java
1.    package cap06.services;
2.
3.    import java.util.HashSet;
4.    import java.util.Set;
5.    import javax.ws.rs.ApplicationPath;
6.    import javax.ws.rs.core.Application;
7.
8.    @ApplicationPath("/rest")
9.    public class MyRESTApplication extends Application{
10.
11.       private Set<Object> singletons = new HashSet<Object>();
12.
13.       public MyRESTApplication() {
14.           singletons.add(new EstoqueResource());
15.       }
16.
17.       @Override
18.       public Set<Object> getSingletons() {
19.           return singletons;
20.       }
21.   } Segurança
```

● ● ● ● ● ● ● ● ● ● ● ● ● ● ● ● ● ● ● ● ● ● ●

# SEGURANÇA

Caso você pretenda disponibilizar informações para diferentes aplicações clientes é muito importante que elas tenham um nível de segurança. Aplicações RESTful seguem os mesmos princípios de uma aplicação Java Web convencional. Com isso, os mesmos mecanismos de segurança existentes em uma aplicação Java Web também podem ser usados em uma aplicação Java RESTful.

Por ser muito difundido, mecanismos de segurança mais utilizados em um sistema Java Web é a Autenticação e Autorização. A autenticação representa a forma como o usuário prova quem realmente ele é por meio de um login e uma senha. Autorização é utilizada para verificar se o determinado usuário, previamente autenticado, possui permissão para usar, manipular ou executar o recurso em questão.

Em aplicações Java Web ou RESTful os usuários (users) e os domínios (realm) serão criados diretamente no servidor de aplicação, sendo que o local e a forma de criação divergem de servidor para servidor. O servidor JBoss WildFly disponibiliza o programa **add-user.bat** especialmente para isso, como mostrado na Figura 6-13. Esse programa fica localizado dentro da pasta bin do JBoss WildFly.

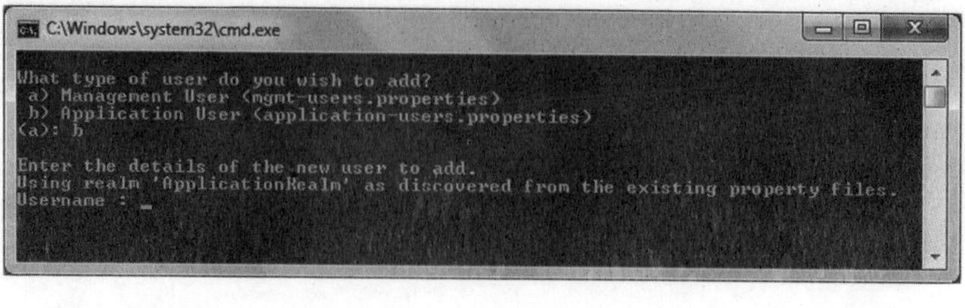

**Figura 6-13** Programa de criação de usuário e domínio do JBoss WildFly

No JBoss WildFly as informações de domínio, usuário e senha são armazenados dentro dos arquivos `application-users.properties` e `application-roles.properties`. Esses arquivos ficam localizados no diretório {WildFly_HOME}\standalone\configuration.

A configuração de segurança de uma aplicação RESTful é realizada no arquivo `web.xml`, como mostrado na Listagem 6-9. O código mostrado nesta listagem segue um padrão determinado pela plataforma Java, variando apenas as informações do domínio, que em nosso caso definimos como `livro`.

| Listagem 6-9 | cap06\WebContent\WEB-INF\web.xml |
| --- | --- |

```
1.   <?xml version="1.0" encoding="UTF-8"?>
2.   <web-app xmlns:xsi="http://www.w3.org/2001/XMLSchema-instance"
3.   xmlns="http://xmlns.jcp.org/xml/ns/javaee"
4.   xsi:schemaLocation="http://xmlns.jcp.org/xml/ns/javaee
5.   http://xmlns.jcp.org/xml/ns/javaee/web-app_3_1.xsd"
6.   id="WebApp_ID" version="3.1">
7.
8.      <display-name>cap06</display-name>
9.
10.     <security-constraint>
11.        <web-resource-collection>
12.           <web-resource-name>Services</web-resource-name>
13.           <url-pattern>/rest/*</url-pattern>
14.           <http-method>GET</http-method>
15.           <http-method>POST</http-method>
16.           <http-method>PUT</http-method>
17.           <http-method>DELETE</http-method>
18.        </web-resource-collection>
19.        <auth-constraint>
20.           <role-name>livro</role-name>
```

**326** Java RESTful na prática com JAX-RS

```
21.            </auth-constraint>
22.        </security-constraint>
23.
24.        <login-config>
25.          <auth-method>BASIC</auth-method>
26.          <realm-name>Default</realm-name>
27.        </login-config>
28.
29.        <security-role>
30.          <role-name>livro</role-name>
31.        </security-role>
32.    </web-app>
```

| Listagem 6-10 | {WildFly_HOME}\standalone\ configuration\application-users.properties |
|---|---|

```
1.    # Usuário e senha (a senha é criptografada pelo próprio servidor de
      aplicação)
2.    bob=2253fd69d07af513fa01d83c093366d1
```

| Listagem 6-11 | {WildFly_HOME}\standalone\ configuration\application-roles.properties |
|---|---|

```
1.    #Usuário adicionado no domínio livro
2.    #Essa informação define a regra de autorização do usuário na tag role-
      -name
3.    bob=livro
```

## HATEOAS, Caching e Segurança 327

Após realizar as configurações mostradas anteriormente, se tentarmos acessar um serviço digitando a URL diretamente na barra de endereço do navegador, uma tela de autenticação será exibida solicitando a informação do login e senha do usuário, como mostrada da Figura 6-8.

**Figura 6-14** Tela de autenticação do navegador

Na implementação de uma aplicação cliente, a informação do usuário e senha é passada por meio da utilização da classe BasicAuthentication, como mostrado em destaque no fragmento de código abaixo:

```
Client client = ClientBuilder.newBuilder().build();
client.register(new BasicAuthentication("bob", "12345678"));
```

A Listagem 6-12 mostra a implementação completa de uma aplicação cliente que realiza uma autenticação de usuário para conseguir consumir as informações disponibilizadas por um serviço RESTful.

**328** Java RESTful na prática com JAX-RS

| Listagem 6-12 | cap06\model\Estoque.java |
|---|---|

```
1.    package cap06.client;
2.
3.    import javax.ws.rs.client.Client;
4.    import javax.ws.rs.client.ClientBuilder;
5.    import javax.ws.rs.core.Response;
6.    import org.jboss.resteasy.client.jaxrs.BasicAuthentication;
7.    import cap06.model.Estoque;
8.    import cap06.model.Produto;
9.
10.   public class EstoqueClient {
11.      public static void main(String[] args) {
12.
13.         Client client = ClientBuilder.newBuilder().build();
14.         client.register(new BasicAuthentication("bob", "12345678"));
15.
16.         Response response =
17.            client.target("http://127.0.0.1:8080/cap06/rest/estoque/")
18.               .request()
19.               .get();
20.
21.         Estoque estoque = response.readEntity(Estoque.class);
22.         for(Produto p : estoque.getProdutos()){
23.            System.out.println(p.getId() +" - "+ p.getNome());
24.         }
25.      }
26.   }
```

● ● ● ● ● ● ● ● ● ● ● ● ● ● ● ● ● ● ● ● ● ● ● ●

# CONCLUSÃO

Nesse capítulo você aprendeu a trabalhar com importantes funcionalidades existentes na API JAX-RS, complementando seu conhecimento sobre a implementação de serviços RESTful.

O ponto de destaque mostrado neste capítulo foi a utilização do conceito de HATEOAS na criação de links de recursos. Mostramos também na prática a utilização de caching de mensagem na implementação de serviços e falamos sobre a utilização de segurança com autenticação e autorização de usuários para consumir informações disponibilizadas por serviços RESTful.

Gostaria de parabenizar, especialmente a você, leitor, pela sua determinação e empenho. Saiba que agora você possui todos os conhecimentos necessários para implementar aplicações RESTful profissionais utilizando a tecnologia Java.

# RESENHA

Aprenda a implementar aplicações RESTful na plataforma Java baseado na API JAX-RS de forma prática e direta, utilizando conceitos aplicados aos exemplos que simulam os desafios de integração de sistemas e disponibilizam informações por meio da web.

Este livro guiará você no caminho das melhores práticas de implementação de serviços REST. Abordando assuntos desde a montagem do ambiente de desenvolvimento até assuntos mais complexos como segurança, caching e HATEOAS.

As tecnologias mais utilizadas em integrações como json, xml e arquivos binários também são apresentadas e exemplificadas. Aprenda também a realizar integração com arquivos pdfs, imagens etc. Este livro apresenta exemplos completos ao longo de cada capítulo.

# Anotações

# Anotações

Anotações

# JSF 2 na prática com RichFaces

Autor: Warley Rocha Mendes
600 páginas
1ª edição - 2014
Formato: 21 x 28
ISBN: 9788539904907

Atualmente, o JavaServer Faces (JSF) é o framework MVC baseado em componentes mais utilizado na construção de aplicações Web na plataforma Java. Na versão JSF 2 foram adicionadas importantes melhorias visando expandir ainda mais o universo de possibilidades de utilização desse maravilhoso framework e facilitar o desenvolvimento dos diversos tipos de projetos web.

Em conjunto com o framework RichFaces, que é um avançado framework de componentes de interface com o usuário baseado no próprio JSF, o leitor será capaz de projetar e implementar avançadas aplicações comerciais utilizando os mais interessantes recursos existentes na Web 2.0.

O objetivo principal desse livro é ensinar ao leitor, de forma prática e direta, como trabalhar com essas tecnologias, implementando diversos miniaplicativos e utilizando os conceitos ensinados ao longo do livro. Além disso, a obra levará o leitor a aprender as melhores formas de utilização dos diversos componentes existentes no JSF 2 e RichFaces, simulando na prática as dificuldades encontradas por desenvolvedores Java Web na construção de sistemas.

À venda nas melhores livrarias.

# Primefaces Avançado + Web Service REST
## Uma Abordagem Prática

Autor: Thiago Hernandes de Souza
200 páginas
1ª edição - 2015
Formato: 16 x 23
ISBN: 9788539906185

Desenvolva uma aplicação de cadastro de autores e livros passo a passo com um dos melhores servidores de aplicação, o JBoss 7. Aprenda a utilizar o seu gerenciador de deploys e configurador de data sources.

O desenvolvimento da aplicação envolverá um dos melhores frameworks MVC da suite JSF (JavaServer Faces), o Primefaces, que aliado a JPA (Java Persistence API) possibilita o desenvolvimento rápido, prático, eficaz de aplicações com configuração mínima e com a máxima produção.

O leitor também aprenderá a projetar, com excelência, web services do tipo REST com os formatos JSON e XML, totalmente diferente das complicadas bibliotecas já existentes no cenário de TI.

À venda nas melhores livrarias.

**Impressão e acabamento**
**Gráfica da Editora Ciência Moderna Ltda.**
Tel: (21) 2201-6662